21 世纪全国高职高专汽车系列技能型规划教材

汽车维修管理实务

主　编　毛　峰
副主编　卢中德
参　编　马志宝　金　雷
　　　　张　义　刘照军

内 容 简 介

本书以工作岗位为导向，按照汽车4S店的管理模式，以汽车服务流程为重点，坚持理论够用为原则，突出汽车维修的管理技能，使学生能够明确每个工作岗位的管理职责以及维修过程中的标准工作流程。本书主要内容包括：汽车维修行业概况、汽车维修企业的服务流程、汽车维修企业的生产技术管理、汽车维修质量管理、汽车维修企业设备管理及汽车维修企业配件管理等。

本书以汽车专业学生毕业所能从事的汽车维修管理工作岗位为线索，突出具体的岗位管理实务，条理清晰、通俗易懂，实用性强。

本书可作为高职高专汽车专业学生的教材，也可供汽车维修企业管理者学习参考。

图书在版编目(CIP)数据

汽车维修管理实务/毛峰主编．—北京：北京大学出版社，2011.3
（21世纪全国高职高专汽车系列技能型规划教材）
ISBN 978-7-301-18477-6

Ⅰ.①汽… Ⅱ.①毛… Ⅲ.①汽车—修理厂—工业企业管理—高等学校：技术学校—教材 Ⅳ.①F407.471.6

中国版本图书馆CIP数据核字(2011)第011803号

书　　　　名：	汽车维修管理实务
著作责任者：	毛　峰　主编
策 划 编 辑：	赖　青　张永见
责 任 编 辑：	李娉婷
标 准 书 号：	ISBN 978-7-301-18477-6/U·0044
出　版　者：	北京大学出版社
地　　　　址：	北京市海淀区成府路205号　100871
网　　　　址：	http://www.pup.cn　http://www.pup6.com
电　　　　话：	邮购部 62752015　发行部 62750672　编辑部 62750667　出版部 62754962
电 子 邮 箱：	pup_6@163.com
印　刷　者：	三河市博文印刷有限公司
发　行　者：	北京大学出版社
经　销　者：	新华书店
	787毫米×1092毫米　16开本　11.5印张　261千字
	2011年3月第1版　2014年6月第2次印刷
定　　　　价：	23.00元

未经许可，不得以任何方式复制或抄袭本书之部分或全部内容。
版权所有，侵权必究　　举报电话：010-62752024
　　　　　　　　　　　电子邮箱：fd@pup.pku.edu.cn

前 言

从 2003 年起，我国汽车市场出现了结构性变化，轿车进入家庭的时代已经来临，汽车已经变成了大众消费，汽车市场呈现高速增长势头，2009 年我国汽车销售总量为 1364.48 万辆，至 2009 年底，我国汽车保有量已达 7619.31 万辆，与上年相比，增加 1152.10 万辆，增长 17.81%。随着汽车保有量的增加，汽车维修行业也跟着飞速发展，因此汽车维修行业的技术人员及管理人员缺口很大，汽车维修行业的竞争日趋激烈。

本书以工作岗位为导向，按照汽车 4S 店的管理模式，以汽车服务流程为重点，坚持理论够用为原则，突出汽车维修的管理技能，使学生能够明确每个工作岗位的管理职责，明确维修过程中的标准工作流程，明确每个管理岗位具体应该"做什么？"及"怎么做？"

针对目前大多数汽车类专业学生就业所从事的工作岗位，本书有针对性地阐述了汽车维修行业概况、汽车维修企业的服务流程、汽车维修企业的生产技术管理、汽车维修质量管理、汽车维修企业设备管理、汽车维修配件管理等六部分内容的知识点与技能点。学生在学校期间，通过工学结合的学习方式，可以掌握本书所列出学习目标中的知识点与技能点，能够为学生毕业后走向工作岗位打下坚实基础。

本书以汽车专业学生毕业所能从事的汽车维修管理工作岗位为线索，突出具体的岗位管理实务，条理清晰、通俗易懂，实用性强，可作为高职高专汽车类专业教材，也可以作为汽车维修企业管理人员的参考资料。

本书在编写过程中，得到了上海大众汽车销售公司、华晨宝马汽车销售公司等公司的大力支持，在此表示衷心的感谢。

本书由毛峰主编，参加编写的还有卢中德、马志宝、金雷、张义、刘照军。

由于编者水平有限，加之时间仓促，书中难免有不妥之处，敬请广大读者批评指正。

编 者

2011 年 1 月

目 录

第1章 汽车维修行业概况 ……… 1
1.1 汽车维修企业的现状 …………… 3
- 1.1.1 汽车维修行业的特点 …… 3
- 1.1.2 汽车维修行业的服务模式 ………………………… 4
- 1.1.3 汽车维修行业存在的问题 ………………………… 8
- 1.1.4 汽车维修行业的发展趋势 ………………………… 8
- 1.1.5 汽车维修新制度 ………… 9

1.2 汽车维修服务理念 ……………… 10
- 1.2.1 以客户满意为中心 ……… 10
- 1.2.2 客户满意战略 …………… 10
- 1.2.3 客户群的建立 …………… 11
- 1.2.4 人力资源 ………………… 12
- 1.2.5 企业文化 ………………… 14

本章小结 …………………………… 17
思考题 ……………………………… 17
能力训练 …………………………… 18

第2章 汽车维修企业的服务流程 … 19
2.1 汽车销售服务公司的经营管理实务 ……………………………… 21
- 2.1.1 整车销售实务 …………… 22
- 2.1.2 维修实务 ………………… 23
- 2.1.3 配件销售实务 …………… 27
- 2.1.4 行政管理实务 …………… 27

2.2 汽车销售的服务流程 …………… 27
- 2.2.1 接待 ……………………… 27
- 2.2.2 咨询 ……………………… 27
- 2.2.3 车辆介绍 ………………… 28
- 2.2.4 试乘试驾 ………………… 32
- 2.2.5 报价协商 ………………… 32
- 2.2.6 签约成交 ………………… 33
- 2.2.7 交车 ……………………… 33
- 2.2.8 售后跟踪 ………………… 35

2.3 汽车维修服务流程 ……………… 36
- 2.3.1 售后服务中心简介 ……… 36
- 2.3.2 维修服务流程 …………… 38
- 2.3.3 事故车维修服务流程 …… 42

本章小结 …………………………… 46
思考题 ……………………………… 46
能力训练 …………………………… 46

第3章 汽车维修企业的生产技术管理 ……………………………… 47
3.1 汽车维修企业的作业内容 ……… 48
- 3.1.1 汽车维修作业过程中的常用名词术语 ……………… 48
- 3.1.2 汽车维护 ………………… 49
- 3.1.3 汽车修理 ………………… 52

3.2 汽车维修企业的生产管理 ……… 53
- 3.2.1 生产调度 ………………… 53
- 3.2.2 维修车间生产计划及进度管理 ……………………… 54
- 3.2.3 生产资料管理 …………… 56
- 3.2.4 生产安全管理 …………… 56
- 3.2.5 劳动保护与安全 ………… 57
- 3.2.6 生产劳动管理 …………… 59
- 3.2.7 汽车维修工艺管理 ……… 60

3.3 汽车维修技术管理 ……………… 60
- 3.3.1 技术管理的基本任务 …… 61
- 3.3.2 汽车维护技术管理 ……… 61
- 3.3.3 汽车修理的技术管理 …… 67

本章小结 …………………………… 71
思考题 ……………………………… 71
能力训练 …………………………… 71

第4章 汽车维修质量管理 ………… 72
4.1 汽车维修企业的质量管理 ……… 74
- 4.1.1 汽车维修质量管理机构设置 …………………………… 74
- 4.1.2 汽车维修企业的质量管理制度 ………………………… 74

    4.1.3 汽车维修质量管理方法 … 75
  4.2 汽车维修的质量检验 … 77
    4.2.1 汽车维修质量检验的
          作用 … 77
    4.2.2 汽车维修质量检验的
          分类 … 77
  4.3 汽车维修质量检验管理实例 … 79
    4.3.1 自检责任及自检标准 … 79
    4.3.2 过程检验的责任及检验
          标准 … 80
    4.3.3 竣工检验的责任及检验
          标准 … 81
    4.3.4 最终检验的责任及检验
          标准 … 81
    4.3.5 安全项的抽检项目及
          检验标准 … 81
  本章小结 … 86
  思考题 … 87
  能力训练 … 87

第5章 汽车维修企业设备管理 … 88
  5.1 汽车维修企业的设备选型 … 89
    5.1.1 汽车维修设备的分类 … 89
    5.1.2 正确选购仪器设备 … 90
    5.1.3 汽车维修检测诊断专用
          仪器设备的选型 … 91
  5.2 汽车维修企业的设备管理 … 93
    5.2.1 设备管理的基本原则 … 93
    5.2.2 设备管理制度 … 93
  5.3 汽车维修设备操作规定 … 94
    5.3.1 钻床 … 94
    5.3.2 砂轮机 … 94
    5.3.3 空气压缩机 … 95
    5.3.4 电焊机 … 96
    5.3.5 压床 … 96
    5.3.6 举升机 … 97
    5.3.7 轮胎拆装机 … 97
    5.3.8 轮胎平衡机 … 98
    5.3.9 车身校正设备 … 99
    5.3.10 废气分析仪 … 100
    5.3.11 电脑检测仪 … 101
    5.3.12 四轮定位仪 … 102
    5.3.13 点火测量仪 … 103

    5.3.14 烤漆房 … 104
    5.3.15 灯光检测仪 … 104
    5.3.16 半自动气体保护焊机 … 105
    5.3.17 悬挂拆装机 … 106
    5.3.18 提升机 … 106
    5.3.19 钣金整形机 … 106
    5.3.20 干磨机 … 107
    5.3.21 红外线烤灯 … 108
    5.3.22 134A加注机 … 108
    5.3.23 冷媒回收加注机 … 109
  本章小结 … 114
  思考题 … 114
  能力训练 … 114

第6章 汽车维修企业配件管理 … 115
  6.1 概述 … 116
    6.1.1 汽车配件管理部门的
          功能 … 116
    6.1.2 汽车配件的分类 … 117
    6.1.3 汽车配件部门岗位设置及
          岗位责任 … 119
    6.1.4 汽车配件部门管理
          目标 … 121
  6.2 库房管理 … 122
    6.2.1 入库验收 … 122
    6.2.2 配件的保管 … 122
    6.2.3 配件的出库 … 122
    6.2.4 配件盘点 … 123
    6.2.5 领料程序 … 123
    6.2.6 旧件回收 … 124
  6.3 配件的库存管理 … 124
    6.3.1 配件库存 … 124
    6.3.2 库存的评价指标 … 124
    6.3.3 库存控制方法 … 125
    6.3.4 订货管理 … 125
  6.4 配件的采购管理 … 127
    6.4.1 配件的计划流程 … 127
    6.4.2 配件采购流程 … 128
    6.4.3 采购的原则 … 128
    6.4.4 采购的方式 … 128
  本章小结 … 130
  思考题 … 131
  能力训练 … 131

目　录

附录1　汽车维修企业的开业条件 …… 132
附录2　汽车维修各工种操作规定 …… 143
附录3　上海大众帕萨特B5轿车检测维修技术参数 …………………… 148
附录4　机动车检测维修设备及工具分类与代码 ………………… 155
附录5　机动车维修管理规定 ………… 165
参考文献 …………………………………… 174

第 1 章 汽车维修行业概况

学习目标

知识目标	(1) 了解汽车维修行业的服务模式 (2) 理解汽车维修的新制度内涵 (3) 理解汽车维修服务的理念
能力目标	(1) 能够设计建立客户群的方案 (2) 能够设计客户满意战略

本章导读

汽车作为人类文明的发展标志,从1886年诞生到今天,已有120多年的历史。汽车制造业涉及众多的工业门类,是国民经济的支柱产业,是一个国家工业水平的重要标志。汽车维修行业伴随着汽车制造业的诞生而诞生,它是由汽车维护和修理厂点组成的、为汽车运输服务的、相对独立的行业。汽车维修行业通过维护和修理来维持和恢复汽车技术状况,延长汽车使用寿命,是汽车流通领域中的重要组成部分。图1.1所示为某汽车4S外景。

图 1.1 汽车 4S 店外景

一汽-大众 4S 店的企业文化精髓

随着我国汽车制造业的快速发展，汽车品牌之间由早期的技术、性能、价格、配置的竞争转变为汽车售后服务的竞争。

一汽-大众在国内汽车市场上首先提出"严谨就是关爱"这样一个汽车售后服务理念。一汽-大众 4S 店全体员工凭着严谨的工作流程及一丝不苟的服务态度为用户提供了更为满意、更加信赖的服务，确保了一汽-大众在国内汽车市场上的强大竞争力和持续的领先地位。

一、"严谨就是关爱"——企业文化的内涵

1. 品牌主张：严谨就是关爱

这是一汽-大众售后服务的核心理念，体现了一汽-大众的专业精神和严格的服务标准，唯有如此，才能保证一汽-大众的技术始终处于领先地位。同时，也传达了一汽-大众对用户的责任心和关怀心，鞭策一汽-大众用最专业的技术、最贴心的服务，赢得客户的尊敬和赞誉。

2. 精工细作 严丝合缝

"严谨"是一种态度，这种态度与德系车一脉相承。它是一丝不苟的决心、精细的零件、务实的管理、高超的技术、强大的规模、紧凑的时效、严格的标准、科学的流程，这种悉心入微的精神，将始终贯穿在一汽-大众的服务体系之中。

3. 由车及人 关爱始终

"关爱"是一汽-大众的服务给予车主的感受。从走进服务大厅的那一刻开始，客户的感受就是检验一汽-大众服务的唯一标准，只有贴心的服务、令人信服的解决方案、真诚的销售方式，才能给一汽-大众带来好的口碑、强的信任感、高的满意度。即使客户的爱车行驶在路上，一汽-大众的关爱依旧如影随形。

4. 一汽-大众的承诺

(1) 将在"一"分钟内接待您；

(2) 给您提供"一"个公开、透明的价格标准；

(3) 维修前，为您提供"一"套完整的维修方案；

(4) 为您提供"一"个舒适整洁的休息空间；
(5) 按照约定在第"一"时间交付您的爱车；
(6) 维修后，为您解释在本店"一"切消费内容；
(7) 每次来店将免费为您清洗车辆"一"次；
(8) 为您提供原装备件"一"年或十万公里的质量担保(先达为准，易损件除外)；
(9) 为您的爱车提供专业的每"一"天 24 小时救援服务保障。

二、"严谨就是关爱"——一汽-大众 4S 店内在动力

随着一汽-大众售后服务水平的整体提高，一汽-大众"严谨就是关爱"的品牌服务最终带给用户的不再仅仅是一辆车的服务，而是升华到一种文化。这种企业文化对外展示了 4S 店的行为准则和价值取向，可以赢得更多的客户；对内它是企业的精神支柱，凝聚全体员工的意志力和战斗力，激发与强化全体成员为客户服务的意识和热爱企业的情感。这就是企业文化在汽车维修企业管理中的重要作用。

1.1 汽车维修企业的现状

中国的汽车维修市场是随着改革开放的深入而逐步对社会进行开放的。1983 年起，随着公路运输市场的开放，汽车维修市场也逐渐开放，出现了各行业、各部门、各单位及个体都可以投资汽车维修业的状况。1983—1989 年这 6 年间，汽车维修业户飞速发展，由 2 万家增长到 10 万家；1989 年后企业数量每年仍以较高的速度增长，截至 2006 年底，全国共有汽车维修业户 26.07 万家，一类汽车维修企业 9700 多家；二类汽车维修企业 5.1 万多家，三类汽车维修业户近 20 万户。

2006 年，中国的汽车维修量已达到 1.96 亿辆次。一个以中心城市为依托，一类企业为骨干；二类企业为基础；三类业户为补充，汽车综合性能检测站为质量保证，各种经济成分协调发展的汽车维修网络和市场格局已基本形成，较好地适应和满足了营运车辆和社会车辆的维修需求，为国民经济和社会发展做出了应有的贡献。

近几年中国的汽车产量在快速增长。2008 年中国的汽车产量达到 934.51 万辆，升至全球第二位，2009 年中国汽车产销分别完成 1379.10 万辆和 1364.48 万辆，同比分别增长 48％和 46％，首次超过美国，成为全球产销量第一的国家。截至 2009 年底，中国汽车保有量已达 7619.31 万辆。随着国民经济的发展，我国汽车保有量将会以更快的速度增长，与之配套的汽车维修市场更是蕴藏着无限商机。

同时，由于技术的进步，生产水平和人民生活水平的提高，公路条件的改善，尤其是高速公路的出现和发展，对汽车在安全、环保、可靠、快速、舒适和经济等方面提出了更高的要求，促使汽车在品种结构及性能方面越来越多样化，为适应这些变化，汽车的维修也必须相应地有一个较大的发展，以最大限度地满足社会发展的需要。

1.1.1 汽车维修行业的特点

1. 汽车维修企业属于"第三产业"

首先，汽车维修企业虽然属于"第三产业"，是服务性企业，需要全天候、全方位地的满足客户的需求；但汽车维修企业又属于工业企业，需要大量的维修设备及检测仪器，需要技术全面的维修技师，标准的维修工艺、严格的劳动组织形式及作业方式，工种多、

分工细，且彼此相互协调。

其次，汽车维修企业还具有一定的依附性。如汽车运输公司、政府机关或大型企事业单位自己成立的汽车维修企业，由于自有车辆较多，维修企业的产值就会有保证。汽车4S店或特约维修站依附于汽车厂家，其维修产值也是有保证的。而对于普通的汽车维修企业，为了保证其维修业务量，就需要寻求大客户，与大客户形成稳定的合同关系，只有形成了稳定的客户群，汽车维修企业才能持续发展。

2. 汽车维修企业"点多、面广、规模小、分散性强"

由于汽车的流动与分散，遍布城乡各地的特点，汽车维修企业必然也分布在社会的各个角落，具有很强的分散性。尤其是从事汽车维护、小修、专项维修及各种连锁店、快修店，其分布是随着公路主干道及车辆集散地而分布的。

3. 汽车维修业属于技术密集型企业

由于现代汽车不仅是简单的机电一体化产品，而且集中了新材料、新工艺、新能源、计算机技术、网络技术、通信技术及智能化技术，汽车品牌、型号繁多，升级速度快，因而汽车维修需要专用的维修设备与检测仪器，需要全面准确的技术资料。同一品牌同一款式且故障现象相同的车辆，其故障原因也不一定相同，因此其作业内容、作业方法、作业深度均不同，需要视情况修理，由维修技师逐一检测诊断，并排除故障。汽车维修企业虽然设备、仪器先进，但不可能采用大批量流水作业方式进行维修车辆，仍以人工维修为主。

4. 汽车维修企业竞争性强

随着汽车进入普通百姓家庭，汽车维修行业由交通部门独家经营变成了一个社会化的行业，它将随着汽车制造业的兴衰而兴衰，具有较强的市场调节性。这就使一些不能随着市场变化而变化的汽车维修企业被淘汰，整个汽车维修行业在市场需要的动态变化中自行调整，不断有汽车维修企业倒闭，同时也不断有新的汽车维修企业开业，汽车维修市场的供需关系逐渐趋于平衡。

1.1.2 汽车维修行业的服务模式

随着我国汽车保有量的增加，各种汽车维修企业层出不穷，汽车售后服务市场的服务对象、服务内容和服务要求悄然发生了新变化，面对市场的需求，汽车维修行业的服务模式出现了新的特点。

1. 汽车4S店

4S店是一种以"四位一体"为核心的汽车特许经营模式，即包括了整车销售(Sale)、零配件供应(Sparepart)、售后服务(Service)、信息反馈(Survey)四项功能的销售服务店。

4S店是由汽车生产商授权，由经销商投资建设，用以销售由生产厂家特别授权的单一品牌汽车。4S店的基本形式是："前店后厂"，它拥有统一的外观形象、统一的标识以及统一的管理标准，只经营单一的品牌，如图1.2所示。汽车4S店是一种个性突出的有形市场，具有渠道一致性和统一的文化理念，4S店在提升汽车品牌、汽车生产企业形象上的优势是显而易见的。

(a) 前面的销售展厅

(b) 后面的维修车间

图 1.2 汽车 4S 店

汽车行业的 4S 店就是汽车厂家为了满足客户在服务方面的需求而推出的一种业务模式。4S 店的核心含义是"汽车终身服务解决方案"。

4S 店从 1999 年以后才开始在国内出现，这几年在国内发展极为迅速。全国现已有 6000～7000 家 4S 店，每年以 1.5% 的数量递增。

现在也有 6S 店一说，是在 4S 基础上还包括个性化售车(Selfhold。个性化售车就是针对用户个人的需求来生产汽车，自由减少配置)、集拍(Sale by amount。集体竞拍，购车者越多价格越便宜)。

4S 店一般都属于大型汽车维修企业，在售后保养及维修、维修设备与检测仪器方面更专业，管理更现代化，有厂家的系列培训和技术支持，与其他汽车维修企业相比 4S 店具有很大的优势。规模大一些的 4S 店年维修产值可达 1 亿元以上。

2. 特约维修站

在4S店出现之前，特约维修站是汽车维修行业的龙头企业，它相当于没有整车销售权的3S店。特约维修站由汽车生产厂家授权，并提供技术支持、人员培训及配件供应。特约维修站由于维修设备先进、服务规范、维修人员技术专业、配件纯正等因素为我国汽车维修行业的快速发展起到了关键性的作用，它在一定程度上对规范汽车维修市场起到了非常积极的作用，同时，为当时的汽车维修行业培养了大批专业汽车维修人才。现阶段汽车特约维修站已逐渐被4S店取代。

3. 汽车大修厂

建国初期至20纪90年代，我国汽车维修行业的骨干力量就是汽车大修厂。这些汽车大修厂技术力量强、设备齐全、管理水平高，是汽车维修行业的重要力量。目前，在我国还存在着许多汽车大修厂，这些大修厂的类型如下。

（1）原有交通部门经营的汽车修理厂，主要是一些规模较大的国营汽车修理专业厂。

（2）各专业运输企业附属的汽车修理厂或维修车间，主要是为本企业的车辆提供维修服务，剩余力量为社会车辆提供维修服务。

（3）社会上车辆较集中的各企事业单位、机关团体等原为自用车提供维修服务的汽车维修厂，现这些维修厂大多搞独立核算，实行经营承包，向社会开放。

4. 连锁店

连锁店指的是连锁经营，如图1.3所示。连锁经营是指经营同类商品或服务的若干个店铺，以一定的形式组成一个联合体，在整体规划下进行专业化分工，并在分工基础上实施集中化管理，使复杂的商业服务活动简单化，以获取规模效益。连锁经营包括3种形式：自由连锁、特许经营和直营连锁。

图1.3　汽车维修连锁店

（1）自由连锁：也称自愿连锁，连锁公司的店铺均为独立法人，各自的资产所有权关系不变，在公司总部的指导下共同经营。各成员店使用共同的店名，与总部订立有关购、销、宣传等方面的合同，并按合同开展经营活动。在合同规定的范围之外，各成员店可以自由活动，因而随意性较强，根据自愿原则，各成员店可以自由加入连锁体系，也可自由退出。

(2) 特许经营：是指特许者将自己所拥有的商标、商号、产品、专利和专有技术经营模式等，以特许经营合同的形式授予被特许者使用，被特许者按合同规定在特许者统一的业务模式下从事经营活动，须向特许者支付相应的费用。由于特许企业的存在形式具有连锁经营的统一形象、统一管理等基本特征，因此也称之为特许连锁。

(3) 直营连锁：是指连锁公司的店铺均由公司总部全资或控股开设，在总部的直接领导下统一经营，总部对各店铺实施人、财、物及商流、物流、信息流等方面的统一管理。直营连锁作为大资本运做，利用连锁组织集中管理、合理布局的特点，充分发挥规模效应。

汽车连锁经营的发起者不是汽车制造厂，而是有相当实力的汽车维修企业或配件商。连锁经营在不远的将来将成为汽车维修行业的主导力量。如全球最大的汽车零配件供应商博世公司，在中国首家旗舰店已于2009年10月在广州正式亮相，到目前为止，在广东已组建了20家维修连锁店。按照博世在中国的拓展计划，未来7年将在中国打造1000家授权加盟汽车维修店，由此架构中国最大的专业汽修网络。

目前，在北京、上海、深圳、沈阳等大中城市汽车连锁店已经发展得非常迅速，如国内知名的中车汽修、爱义行、小拇指、皇波萝、车骑士、百援等汽车连锁店在全国各地都建有连锁店，多数都建有几百家连锁店。

国外著名汽车服务商如美国AC德科、德国博世、美国胜牌、米其林的"驰加店"、普利司通的"车之翼"等，纷纷抢滩国内大中城市汽车快修市场，在全国各地开始建立汽车维修连锁企业。

5. 专修店

汽车专修店是指汽车维修企业只承担某一项维修或几项维修，如专门维修汽车音响、专门维修自动变速器、专门维修汽车空调、专门从事钣金、专门从事喷漆、专门从事动平衡及汽车美容等，如图1.4所示。汽车专修店由于专业化程度高，维修效率高，且维修质量可靠，因此汽车专修店在未来的汽车维修行业中也将占有一席之地。

图1.4 汽车专修店

1.1.3 汽车维修行业存在的问题

近几年来,私有车保有量急剧增加,汽车维修企业已经无法满足社会车辆的需求。除此之外,维修行业还存在员工技术水平差、服务素质差、乱收费、恶性竞争、厂房布局不合理、设备陈旧、配件质量差等问题。

(1) 从业人员文化素质差、专业水平低,高级汽车维修技师更是紧缺,使维修行业的技术水平远不能满足现代汽车技术的要求。

(2) 多数汽车维修企业维修设备陈旧、老化,缺少现代化检测诊断仪器。有些企业目前仍然采用是传统的维修方式,凭经验、靠感觉,无法满足现代汽车维修的需要。

(3) 维修技术资料短缺。由于目前我国汽车的更新换代已与世界同步,而维修资料更新换代却相对较慢,致使查找资料非常困难,修理则无从下手。

(4) 维修技师与客户沟通困难。一是维修技术复杂,维修技师无法用通俗的语言向客户解释维修方案;另一个是维修技师素质低,而客户已从原来的低层次、低文化的驾驶员转变为高层次、高文化的客户。这就要求从业人员必须是具有高素质、高文化的汽车维修技师,这样才能与客户进行最佳的沟通。

(5) 汽车配件市场混乱。目前我国汽车维修以换件为主,而汽车配件市场又非常混乱,市场上的汽车配件分为正厂件、副厂件、假件等,价格及质量相差很大。副厂件及假件无法保证汽车的维修质量。

(6) 汽车维修没有统一标准。同一型号、同一故障现象的汽车在不同的汽车维修企业进行维修时,其维修工艺可能不同,所发生的费用及所更换零件的数量也可能不相同。这种结果与维修技师对故障现象的理解能力及维修水平有关,与零件的品质有关,与维修企业的收费标准有关。

(7) 汽车维修纠纷调解困难。当汽车维修企业与客户发生纠纷时,缺少第三方调解机构,调解纠纷困难。

(8) 汽车维修企业的布局不合理。目前我国的一类汽车维修企业多数集中在大城市,而广大的乡镇地区汽车维修能力严重不足,这些车主需要到大城市的一类汽车维修企业进行汽车保养与维修。

1.1.4 汽车维修行业的发展趋势

1. 汽车维修技师应该是高素质的机电一体化技术人员

汽车维护技师必须具备一定的文化基础,懂英文、懂原理、懂电子技术、懂电脑、会利用仪器设备进行汽车故障诊断。现代维修企业需要两个层次的人才,一是能利用仪器检测诊断故障的汽车医生;另一个是能对汽车进行正确的保养及更换零件的汽车护士。

2. 汽车维修企业应具有完备的汽车维修技术资料

现代汽车维修面临的是几千种车型,一辆汽车由几十个电脑控制的高新技术装备,显然维修资料是第一位的,如果没有基本的诊断数据、诊断流程、电路图、油路图、装配图等就无法维修,否则,就会导致更大的故障,而现在的从业人员多数不能很顺利地读懂维修资料。

3. 汽车维修企业应具有功能强大的汽车检测维修仪器及设备

由于汽车技术的不断发展,汽车检测及维修的仪器与设备也需不断地升级。现代汽车维修有了技术资料，而没有专业的检测仪器设备也是无从下手，科学的诊断维修必须要有专用仪器设备。

4．汽车配件网络的供应渠道应通畅

建立各区域的专业配件供应网络，降低成本，提高配件供应的速度及质量。

5．汽车维修企业应开展汽车救援项目

汽车救援是对汽车维修服务功能的一种延伸，可以提高运输效率、减少运输损失。

6．汽车维修企业应该参与二手车交易的评估与检测

由于汽车保有量的增加，二手车交易量也将增加。二手车交易时，汽车维修企业可方便地对汽车进行评估与检测，对汽车进行适当的保养、维修及翻新。现在我国部分汽车4S店已经引入了这一项目。

1.1.5 汽车维修新制度

1990年3月，中华人民共和国交通部发布了《汽车运输业车辆技术管理规定》（1990年第13号部令），根据坚持预防为主，依靠科技进步和技术与经济结合的原则，对原汽车保修制度做了重大改革，确立了"定期检测、强制维护、视情修理"的汽车维修制度。

1．定期检测

定期检测就是通过现代化的技术手段，定期正确判断车辆的技术状况。通过定期检测可使汽车故障早发现、早排除，可提高在用车辆的技术状况与道路运输环境的安全性，可充分发挥车辆效能，可降低汽车尾气排放对大气的污染等。基于这一理论，我国交通管理部门规定所有在用车辆，要定期到汽车综合性能检测站进行一次汽车综合性能检测及尾气排放污染检测（年检）。检测的项目主要有发动机综合性能、汽车制动性能、前照灯、车轮定位、尾气排放污染物、噪声、车速表、整车外观、汽车底盘测功等，通过检测，可以及时发现车辆故障隐患。

特别提示

- 《道路交通安全法实施条例》机动车辆年检相关规定如下：
  第十六条　机动车应当从注册登记之日起，按照下列期限进行安全技术检验：
  （一）营运载客汽车5年以内每年检验1次；超过5年的，每6个月检验1次；
  （二）载货汽车和大型、中型非营运载客汽车10年以内每年检验1次；超过10年的，每6个月检验1次；
  （三）小型、微型非营运载客汽车6年以内每2年检验1次；超过6年的，每年检验1次；超过15年的，每6个月检验1次；
  （四）摩托车4年以内每2年检验1次；超过4年的，每年检验1次；
  （五）拖拉机和其他机动车每年检验1次。

2．强制维护

目前，我国对营运车辆实行强制维护制度（每季度做一次二级维护）。车辆运行到规定的行驶里程或间隔时间，必须进行维护作业。车辆维护包括日常维护、一级维护、二级维护。车辆维护主要对车辆进行清洁、检查、补给、润滑、紧固、调整等作业，除主要总成

发生故障外，一般不实施解体作业。

车辆维护的里程或间隔时间由汽车生产厂家确定，每次维护的具体内容及作业要求也参照汽车生产厂家的标准执行。

3. 视情修理

视情修理是以车辆实际技术状况为基础的修理方式，车辆修理的作业范围和深度必须先通过检测诊断后确定。视情修理体现了技术与经济相结合的原则，既能防拖延修理造成车况恶化，又能避免提前修理造成浪费。

1.2 汽车维修服务理念

1.2.1 以客户满意为中心

随着情感消费时代的来临，产品和价格不再是决定市场的决定因素，企业以产品为中心的营销模式即将成为过去，取而代之的是以客户为中心的新的营销模式。以客户为中心的新企业运作模式正在得到广泛的认同，在设计企业的营运模式时，过去比较重视从企业内部的优势出发，先考虑自己有什么长处；但新的模式会鼓励企业从客户的需求出发，考虑如何通过努力来提高服务能力，以更好地满足市场的需求——客户的需求。

汽车维修服务不同于一般的商业服务，汽车维修服务同时服务两个对象：汽车＋客户。因此汽车维修服务不仅在车辆的维修技术、质量、价格、时间等方面要让客户满意，而且还要对车主有良好的服务态度、服务技巧及提供良好的休息场所等。

对于从事汽车维修的企业来说，其存在的价值和全部意义在于能够向客户提供满意的服务，能够使客户乘兴而来、满意而归。满意的客户是企业赢得利润的基础。汽车维修服务必须要从"以生产为中心"转变为"以客户满意为中心"。

1.2.2 客户满意战略

客户满意战略的指导思想是指汽车维修企业的全部经营活动都要从满足客户的需要出发，从客户的角度来分析客户的需求，以提供客户满意的服务为企业的责任和义务；以满足客户需要、使客户满意为企业的经营目的。

汽车维修企业作为一个服务企业来说，应将把客户的需要和满意放到一切考虑因素之首。如何实现客户满意战略，可以从以下方面做起。

1. 在汽车维修工作方面

(1) 在日常工作中注意将工作质量作为长期的工作任务。
(2) 进行各项工作时做到专业、细致、准确。
(3) 把自己当作质量监督员并进行自我检查。
(4) 致力于持续改善各自工作领域内的工作流程；尽力做到避免问题，而不是解决问题。
(5) 认识到"工作质量"、"亲切友好"和"礼貌待人"是工作岗位的保证。
(6) 提供优质服务是为了使客户再度光临，而不是避免返修或投诉。
(7) 对工作进行相应计划、执行和监控。
(8) 遇到问题时询问主管或同事。

(9)使用脚垫和护套维持车辆清洁。
(10)工作结束后检查是否按照与客户的约定进行了所有工作项目。
(11)按规定处理所有废弃废料。
(12)认真考虑并改善工作流程,避免未来可能出现的错误。
(13)具有对客户、同事、企业和环境的责任感。
(14)随时准备加入团队工作。

2. 在对待客户方面

(1)行动以客户为本。
(2)认识到质量从自己开始。
(3)发展备选维修方案。
(4)将客户满意作为个人目标。
(5)倾听客户需求,不与客户争论。
(6)认识到客户永远是对的,至少在客户去其他经销商处以前。
(7)客户每一次到访时都给客户留下良好的印象。
(8)为客户提供更好的产品和更优质的服务。
(9)想客户之所想并付诸于行动。
(10)与客户之间保持紧密长久的关系。
(11)即使车辆维修保养完成后,也要为客户提供良好建议。

1.2.3 客户群的建立

汽车维修企业与客户的关系是从第一次维修车辆开始建立的(客户与汽车销售服务公司的关系是从购买一辆新车开始建立的),之后,企业的所有行为都要为与客户建立长期的业务关系而着想,必须始终着眼如何提高客户的满意度。企业带给客户的是满意度,而客户带给企业的是忠诚度,满意的客户会不断地在企业里接受维修服务及购买新的汽车产品,同时,满意的客户还会乐于向他的朋友、熟人和同事推荐这家汽车维修服务企业。不满意客户的影响如图1.5所示。所以技术服务已不再是汽车维修服务中心的核心问题,如何长期维持老客户关系并赢得新客户是汽车维修企业发展的关键。

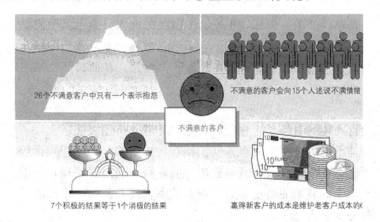

图1.5 不满意客户的影响

汽车维修企业应把如何赢得客户、维持客户、将一次性客户转化为长期客户、把长期客户转化为终身忠诚客户作为竞争的重点。

综上所述，汽车维修企业在确定了以客户满意为发展战略后，一个比较具体的事情就是要积极建立客户群。客户群由老客户和新客户两部分组成，建立客户群的基本方法是在巩固老客户的基础上吸纳更多的新客户。维护客户群的具体措施如下。

1. 更灵活和更长的营业时间

为满足特殊客户的需求，修理厂营业时间应适当做出调整。

2. 车辆在修期间为客户提供代用车

当客户的车辆进厂维修，又没有其他交通工具时，企业可为客户提供代用车。

3. 接送车服务

对于客户想到维修厂去修车，但由于时间上的原因无法将车送到维修厂或不能到维修厂将修理好的车辆取回时，修理厂应该提供接送车服务。

4. 抛锚和紧急救援

对于客户的车辆提供24小时紧急救援服务，可到现场拖车、抢修或提供代用车。

5. 对使用年限较长的车辆提供更低更具有吸引力的价格

针对使用年限较长的车辆，可进行维修工时优惠，必要时使用旧件。

6. 建立会员制度

对会员实行积分优惠，每年定期为会员车辆进行一次免费保养。

7. 建立车友俱乐部

俱乐部基于汽车又超出汽车本身，服务触角伸向会员所需的方方面面。俱乐部还会不定期组织会员活动，邀请专业人员为会员讲课或与其座谈，给会员一个交流、沟通的机会。

8. 建立客户档案

客户档案是维修厂的重要资源，根据客户的服务频率、数量、个人偏好对客户进行细分，制订适当的营销计划以满足客户的个人要求，增强企业与客户间的亲密度，使服务顾问在与客户进行联系沟通时，能够有效利用客户的信息，从而提高企业的客户服务水平。

1.2.4 人力资源

传统的人事管理将人看作是一种成本，是被管理、被控制的对象，人事部门则是一个不能创造收益的辅助部门，重复着事务性工作；与传统的人事管理相比较，现代人力资源管理则将员工看作企业中最宝贵、最有创造力的资源，既需要管理，更需要开发，人力资源部则提升到企业发展战略的高度，其工作的效率直接关系到企业的成败，人力资源战略也成为企业的核心竞争力之一。

因此，现代人力资源管理在招人时强调的是有计划地为企业招到合适的人，在用人、留人方面处处体现以人为本的管理思想，以人的能力、特长、兴趣、心理状况等综合情况来科学地安排最合适的工作,并且在工作中充分地考虑到员工的成长和价值,使用科学的管理方法,通过全面的人力资源开发计划和企业文化建设,使员工能够在工作中充分地调动和发挥人的积极性、主动性和创造性,从而提高工作效率,增加工作业绩,为达成企业发展目标做出最大的贡献。

1. 培训制度

现今汽车维修企业进行人力资源开发的基本方法就是建立员工培训制度。汽车维修企业培训制度的核心就是充分提高员工素质,要让员工具有良好的基础文化知识,精良的专业技能和优秀的思想道德素质,最终提高企业的总体形象,提高企业的竞争力。

汽车维修企业的培训制度主要内容如下。

(1) 培训对象。新入厂的员工必须经过培训合格取得上岗证后方能上岗,初级工、中级工每年必须接受公司内部的知识技能培训。高级工每年由企业派出参加新车型、新技术的售后服务培训。培训考核成绩将作为职工晋升调职的重要依据之一。

(2) 培训目标。通过培训,使员工能够胜任岗位工作的需要,使员工整体能力保持长期的动态优势,使员工专业知识及能力可以适应汽车技术的发展。

(3) 培训方式。采用内部培训,由技术总监负责,每个单元培训结束后进行理论与技能考核。内部培训与有计划选送外部培训方式相结合。

(4) 培训内容。

① 初级班的培训内容。一般来说,初级班培训的主要内容涵盖汽车维修最常见的维修内容,主要包括安全生产及基本操作规程、汽车保养、汽车电器基础、发动机基础、燃油供给系统、进气系统、充电系统、起动系统、冷却系统、润滑系统、汽车照明与信号系统、变速器、离合器、转向系统、制动系统。

② 高级班的培训内容。高级别培训是在初级班培训的基础上进一步完善维修范围的培训,主要培训内容包括汽车防盗报警系统、汽车空调系统、安全气囊系统、舒适娱乐系统、电子仪表中控锁系统、空气悬挂系统、制动防抱死系统、汽油直喷技术、无级变速器、自动变速器、CAN总线系统编程与个性化设置。

2. 分配制度

如何调动员工的积极性是目前汽车维修企业人力资源管理部门的主要任务。好的分配制度将会激发员工的积极性,大大提高员工的工作效率,同时也为企业创造更大的经济效益。

现阶段汽车维修企业的员工分配制度的基本原则是"按劳分配、多劳多得"。目前汽车维修行业的分配形式有如以下几种。

(1) 工资加奖金形式:员工月收入=基础工资+奖金。

基础工资:根据初级工、中级工和高级工分为3个档次。

奖金:按照每个维修工每月所完成的维修工时总数,乘以工时提成单价。

这种分配形式适合于一类汽车维修企业。基础工资根据员工的技术水平及入厂时间来确定,可定为初级工 200 元/月、中级工 500 元/月、高级工 1000 元/月。奖金的提成以每个维修小组为单位,每个维修小组每月奖金总提成为:小组维修工时总数(工时)×1(元/工时)(设这一地区国家工时收费标准为 6 元/工时)。一般高级工提成系数为 0.6~0.8 元/

工时,中级工提成系数为 0.3~0.4 元/工时,初级工提成系数为 0.1~0.2 元/工时。

例如,有一个 2 人的维修工作小组,其中一人是高级工,一人是初级工。他们小组本月共完成工时总数为 4000 工时,则这个高级工本月的奖金为:4000×0.8=3200 元;初级工本月的奖金为:4000×0.2=800 元。

(2) 只有提成:员工月收入=当月工时费收入×提成比例。

这种方式一般上不封顶,下不保底,员工无最低工资保障,适合小型汽车维修企业。

机修员月收入=当月工时费总额×30%

钣金工月收入=当月工时费总额×40%

漆工月收入=当月喷漆总收入×50%

喷漆工因其工种特殊及材料、低值易耗品在使用中的人为因素影响较大,一般采用全包干分配方法,当月喷漆总收入包括喷漆用的原材料费及工时费。

这种分配形式在维修质量上也是采用全包干形式。在维修过程中发生质量事故(非配件原因)或出厂后属于返修的事故,其零件费、修理费均由当事班组或当事人承担。在修理过程中的质量控制也要采取相应的措施,如车间加强过程检验、总检的质量否决权等。一些特殊工种如喷漆,承修者为节约成本增加收入而简化工序,喷面漆要求三遍的,承修者也许只喷两遍,这样在监控上除加强过程检验外,还可在调漆量上加强控制。虽然原材料由承包者包干,但原材料的进货、品质由厂方控制。每台车的用料均按定额发放,调漆均按相应的技术标准由调漆店专人配置。

(3) 保底工资加产值(或利润)提成:按系数分配形式计算提成,此方法使员工有最低工资保障。同时,将员工的主要收入与企业的效益挂钩,是一种较为理想的分配形式。

1.2.5 企业文化

20 世纪 80 年代以来,世界管理学界认为企业文化是决定现代企业效率高低的重要因素,每一个成功企业都有其独特的企业文化,如今汽车维修企业的竞争不仅仅是在维修技术的质量方面,更重要的是在企业的形象、企业品牌、知名度、服务水平等方面竞争,是全方位、广角度、宽领域、高层次的综合实力的竞争。

1. 企业文化

企业文化主要是指企业在长期的经营活动中形成的共同拥有的企业理想、信念、价值观和行为模式的总和。

企业文化是企业的精神财富和灵魂,是企业凝聚力和向心力的来源,是企业职工的精神支柱。

2. 企业文化的结构

企业文化的结构应该有 3 个层面。

(1) 核心层。核心层是指企业的精神文化,包括企业道德、企业目标、企业精神、企业价值观等。

(2) 中间层。中间层是指企业的制度文化,包括企业规章制度、管理方法、组织机构等。

(3) 外围层。外围层是指企业的物质文化,包括企业员工的作风、精神面貌、人际交往方式、厂区环境、厂服等。

3. 企业文化的功能

企业文化是企业管理者的纲，把握住这个纲，管理者的具体目标和要求就会被企业绝大多数员工转化为自觉的追求和行为。企业文化的功能如下。

（1）凝聚功能。企业员工既有共同的利益，也有不同的利益，但企业文化能使企业各方面力量凝聚起来，使大家认清共同的利益大于各自的一己之利。

（2）导向功能。企业文化能对企业整体和企业每个员工的价值取向及行为取向起引导作用，具体表现在两个方面：一是对企业员工个体的思想行为起导向作用；二是对企业整体的价值取向和行为起导向作用。这是因为一个企业的企业文化一旦形成，它就建立起了自身系统的价值和规范标准，如果企业员工在价值和行为取向上与企业文化的系统标准产生悖逆现象，企业文化会将其纠正并将之引导到企业的价值观和规范标准上来。

（3）约束功能。企业文化对企业员工的思想、心理和行为具有约束和规范作用。企业文化的约束不是制度式的硬约束，而是一种软约束，这种约束产生于企业的企业文化氛围、群体行为准则和道德规范。群体意识、共同的习俗和风尚等精神文化内容，会造成强大的使个体行为从众化的群体心理压力和动力，使企业员工产生心理共鸣，继而达到行为的自我控制。

（4）协调功能。企业文化可以使企业在发展过程中通过自身特有的价值体系和企业意识使其各个方面形成有机统一，从而使员工和企业能够同舟共济。企业仅仅雇用有技能的员工是远远不够的，他们的观念和价值也必须与企业所倡导的一致。也就是说，企业通过文化的整合，可以使员工内部保持团结，发挥最优势的团队力量，从而使企业做到更完善、更精湛。

（5）激励功能。企业文化具有使企业员工从内心产生一种高昂情绪和奋发进取精神的效应。企业文化把尊重人作为中心内容，以人的管理为中心。企业文化给员工多重需要的满足，并能对各种不合理的需要用它的软约束来调节。所以，积极向上的思想观念及行为准则会形成强烈的使命感、持久的驱动力，成为员工自我激励的一把标尺。

4. 企业文化的创建

汽车维修企业属于服务型的企业，无论从技术角度还是从经济角度看，汽车维修企业都具有时代色彩，要为成千上万种车辆和形形色色的客户提供优良的服务，没有不断更新的高超技术，没有卓越超常的经营技巧是做不到的，而要做到这一点，首先必须要有一个优秀的企业文化环境。随着我国走向市场经济，汽车技术迅猛发展，社会大环境已经起了变化，并在继续变化，要经营管理好现代汽车维修企业，提供市场需求的优质服务，每一位管理者都应该重视企业文化的建设。具体建立企业文化需要从以下几个方面入手。

（1）精神文化的提炼。在实际工作中提炼优秀的理念，使员工认同、维护、爱护并力行。

（2）制度文化的创新。要改变落后的管理制度和管理方式，从原则规则上进行创新，为企业文化建设打下基础。

（3）创造一种优秀的行为文化。在生产行为、管理行为等方面树立榜样，用榜样引导员工。

(4) 物资文化的构建。在硬件上要具备建立、推动企业文化建设的基础。

(5) 形象文化的塑造。即树立良好的形象，让形象说明内涵。

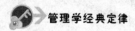 **管理学经典定律**

蝴蝶效应（The Butterfly Effect）

20世纪70年代，美国一个名叫洛伦兹的气象学家在解释空气系统理论时说，亚马逊雨林一只蝴蝶翅膀偶尔振动，也许两周后就会引起美国得克萨斯州的一场龙卷风。

蝴蝶效应是说初始条件十分微小的变化经过不断放大，对其未来状态会造成极其巨大的差别。因此，有些小事如经系统放大，则对一个组织、对一个企业、一个国家来说也是至关重要的。

管理启示：今天的汽车维修企业，其命运同样受"蝴蝶效应"的影响。客户越来越相信感觉，所以服务品牌、汽车服务环境、服务态度这些无形的价值都会成为他们选择的因素。所以只要稍加留意，我们就不难看到，一些管理规范、运作良好的汽车维修企业，在他们的经营理念中都会出现这样的句子：

"在统计你所接待的100名客户里，若只有一名客户对你的服务不满意，因此你可称只有1%的不合格，但对于该客户而言，他得到的却是100%的不满意。"

"你一朝对客户不善，企业就需要10倍甚至更多的努力去补救。"

"在客户眼里，你代表企业。"

 知识拓展

企业管理的3个层次——制度管理、干部管理、企业文化管理

一、低级形式的制度管理

不管企业大小，首先必须建立制度。古人云：没有规矩无以成方圆。就算是两个人合伙开公司，也要约法三章，何况对于一个人数众多的公司，假如没有了制度，怎能保证大家步调一致？

这里说的制度包括两方面的内容：一是行为准则，即应该做什么、不应该做什么；二是工作标准，即应该怎样做，包括岗位作业标准及业务流程。前者是强制性的，后者是指导性的，两者应当互相配合，相辅相成。

企业的管理制度或工作标准的制定，主要是为了约束企业基层员工，因为基层员工的工作职能是作业。员工按照规章或规范做事情，规规矩矩，众人才能步调一致，工作才能减少失误，产品质量才能减少差错，才能达成企业生产目标。一个企业必须管理制度化，但仅有制度化还远远不够，还必须使管理和文化相配套。

二、中级形式的干部管理

干部管理具体是指员工上司——即主管的管理行为。一个企业有了制度和程序，难道就能运作起来了吗？显然不是，当然还需要各部门的管理人员发挥作用才行。

主管的管理功能大概有两个：一个是控制；一个是指导。控制是指主管人员依照公司目标、制度、标准和程序，对部属的工作进行安排和监控，使部属的工作在预期的范围内进行运作，以期达成工作目标。当然只懂得控制的主管算不上一个称职的好主管，一个称职的主管还应当懂得指导。指导包括两方面的含义，一是指导部属怎样正确地执行标准规范以及提高员工的工作技能；二是突发事情的调整与指导。我们应当懂得制度和标准是死的，而现场的情况是瞬息万变的，有的时候如果按照"标准"做就可能发生问题，这时应当怎么办？员工可以按规定做，而主管则应当依据经验和"例外法则"（譬如公司核心价值观、客户导向或趋利避害原则等）做出判断，对部属的行动做出调整和指导，这才是正确的做法。

管理是主管的职责。老板一般不应当直接干涉或参与管理，否则主管将无所适从，公司运作将发生混乱。

三、高级形式的企业文化管理

一个民族的文化是民族精神和物质文明的传承，同样的道理，一家公司的文化当然是这家公司精神和物质文明的传承。企业文化不是写在墙上或者是文件的表达形式，而是看不见、摸不着但可以感觉到的东西，不管你是否承认，它都是客观存在的，而且无时不刻地在影响着每一个员工的行为。客观事实是，好的企业文化氛围给企业以好的导向，引导员工的思想信念和行为规范；不好的企业文化则会给企业带来负面影响，或更有甚者可能会毁掉一个企业。

综上所述，一个企业，不管它是属于哪种类型，影响员工行为的都有3种力量——制度、管理和企业文化。制度是基础，管理是桥梁，文化是企业发展的动力，制度和文化通过管理者发挥作用，对应3种力量形成了3个层次的管理模式。通过对影响员工行为的3种力量对比可发现，影响员工行为力量最大的是企业文化，因此用企业文化管理企业是企业管理中最高级的管理模式。

当企业文化对员工有吸引力时，每个员工都能在自己的工作岗位上快乐、专注、忘我地工作，唤起心中潜藏的活力、热情、能力和创造力，这才是企业管理的最高境界。

认识了这些道理，我们再思考本章案例，就可以知道一汽-大众4S店在为客房服务方面，就是应用了企业文化来管理企业，用"严谨就是关爱"这个服务理念引导个体员工为客户提供汽车维修服务。由于企业文化发挥了巨大的作用，使得汽车维修服务的管理就会变得轻松愉快而有效率了。

本 章 小 结

> 汽车维修行业的主要特点是以服务为主的第三产业，同时汽车维修企业"点多、面广、规模小、分散性强"，大型汽车4S店主要集中在大中城市，汽车维修业属于技术密集型企业且竞争性强。大型汽车维修企业的力量雄厚，而广大农村地区缺少大型汽车维修企业，技术力量薄弱。由于汽车维修企业依赖客户而生存，所以汽车维修企业为了扩大客户群，就要在技术、价格、设备及服务质量等方面进行全面竞争，而经营不善的维修企业就将被淘汰。
>
> 汽车维修企业有汽车4S店、汽车大修厂、连锁店、专修店等经营模式，现阶段汽车4S店及汽车大修厂仍是汽车维修行业的主流企业，但是随着新的汽车维修理念"预防为主、定期检测、强制维护、视情修理"的普及，连锁店与专修店的发展前景将越来越广阔。
>
> 汽车维修企业作为一个服务企业来说，其服务理念应将把客户的需要和满意放到一切考虑因素之首。汽车维修服务必须要从"以生产为中心"转变为"以客户满意为中心"。

思 考 题

1. 简述汽车维修行业的服务模式。
2. 理解汽车维修的新制度内涵。
3. 理解汽车维修服务的理念。
4. 分析汽车4S的经营特点及发展前景。
5. 如何理解"视情修理"？为什么现今汽车维修都是以换件为主？

能 力 训 练

1. 针对某汽车维修企业，设计建立客户群的一种方案。
2. 针对某汽车维修企业，设计客户满意战略的一种方案。
3. 针对某汽车维修企业，设计员工分配方案，以更好地调动员工的积极性。
4. 针对某汽车维修企业新来的学徒员工，设计一套培训方案。
5. 针对某汽车维修企业，设计一套长效机制，促进企业文化的建设并发挥企业文化的功能。

第 2 章 汽车维修企业的服务流程

学习目标

知识目标	(1) 了解汽车维修各岗位的工作实务 (2) 了解汽车销售的服务流程
能力目标	(1) 能够说明汽车移交检查的内容 (2) 能够正确填写《业务委托书》 (3) 能够掌握汽车维修服务流程

本章导读

我国汽车保有量的不断增长，带动了汽车服务市场的迅速发展，特别是汽车维修服务业的发展。目前，我国有20多万家汽车维修企业，200多万从业人员，年产值数百亿元。但我国和一些汽车工业发达国家比起来还有很大的差距，汽车维修市场面临着人才缺乏的窘境，维修服务市场尚未成熟和规范。近年来汽车消费者对汽车服务水平的要求越来越高，汽车维修企业面临着前所未有的挑战和机遇。"一切以客户满意为中心"已成为汽车维修服务的重要原则。怎样满足甚至超过客户需求是摆在维修企业管理者面前的一个重要课题。实践证明，采用标准化的服务流程是一条行之有效的途径，如图2.1所示。现在汽车维修行业的4S和连锁维修店就是采取了这一途径，并取得了满意的效果。

1-客户接触

2-预约

3-预约准备

4-服务接待咨询

5-工单处理

6-准备结算

7-车辆交付

8-客户关怀

图2.1　标准的汽车维修服务流程

第2章 汽车维修企业的服务流程

案例导入1

有一位 BMW 车主，连续四年定期到某一 BMW 维修站进行车辆维修，且对这家维修站的服务一直都很满意。

然而，有一次这位 BMW 车主去这家维修站维修车辆时，维修技师在维修车辆时因没有使用遮盖物弄脏了车内空间，且在没有清洁内部空间的情况下将内部不干净的车辆交给了客户。服务顾问也没有发现这种情况。后来有一次 BMW 车主的朋友询问他对维修站是否满意时，BMW 车主回答说质量非常糟糕，其原因是 BMW 车主非常爱护车辆，每周至少清洁车辆内部和外部一次，因此对内部空间不整洁非常在意。在此高质量的维修已显得不再重要，对内部空间不整洁的不满已超越其上，客户还会将这种不满传达给他的亲朋好友。

案例点评：这个例子表明，一个小疏忽可能会留给客户很差的印象。在极端情况下一位优质客户可能到其他维修车间维修，甚至可能换汽车品牌。

案例导入2

当得知澳大利亚一个汽车集团下属的汽车销售公司老板同意录用我成为一名汽车销售人员的时候，我是非常兴奋的。当我想到下星期一就可以在明亮的汽车销售公司大厅里工作的时候，那种激动的心情几乎无法平静下来。周一报到的时候，老板要求我去量体裁衣，为我们做工作服，并说周三才会拿到工作服和名片，让我周三再来。又是令人激动和向往的两天过去了，周三的确有了工作服，也拿到了名片，老板却说，你可以出去了。这时我愣住了，心想难道不是在公司大厅工作吗？

老板明确地告诉我：在进入公司开始工作之前，要了解市场，必须知道哪里有我们的潜在客户，当至少有五个客户拿着你的名片到公司找你的时候，你才有资格回到公司来正式开始汽车销售工作。

我是在两个半月之后回到公司的。在那 80 多天的日子里，我基本上了解了宝马汽车的潜在客户，他们的工作，他们的爱好，他们经常出入的地方，他们的性格，他们的消费倾向，以及他们与人沟通的方式。的确，当第五个客户拿着我的名片走进汽车公司的时候，我被老板召回了公司，正式做汽车销售顾问。

但是，第一个星期里，基本上不允许我与潜在客户说话，像我这样的新手有一个师傅带着，我的工作就是观察他是如何接触客户的，然后写下心得和体会。对于这段日子，在我日后的回忆中感受极为深刻，也就是在这前三个月的时间里，我学会了如何接近潜在客户，再经过后来公司的培训，就更加透彻地了解公司让我们在外面工作的深远意义了。

案例点评：任何一个光临您的车展大厅的人，任何一个你可能拜访的人都是你的潜在客户。作为销售人员随时都要留意销售机会，你也可以通过电话预约客户来试车，也可以上门邀请客户，展示新款上市的汽车，这些都是非常重要的销售机会。在专业销售中，我们称为发掘潜在客户。

2.1 汽车销售服务公司的经营管理实务

现阶段汽车维修服务的大型企业主要都集中在汽车销售服务公司(4S 店)，汽车销售服务公司不仅进行整车销售，还要进行售后服务、零配件销售、信息反馈等业务。汽车销售服务公司的组织机构如图 2.2 所示。

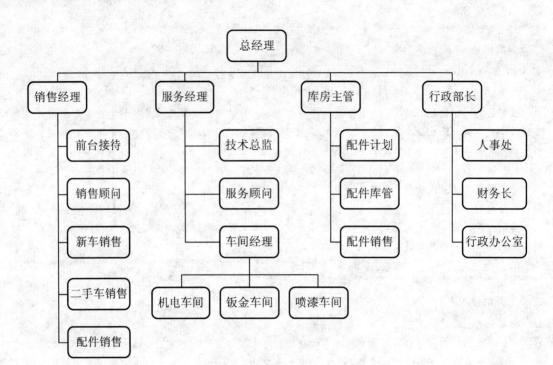

图 2.2 汽车销售服务公司的组织机构图

汽车销售服务公司各部门的工作实务如下。

2.1.1 整车销售实务

销售经理负责整车销售的全面工作。整车销售包括新车销售、二手车的收购与销售。整车销售环节包括进货、验车、运输、存储、定价、销售等。

1. 大厅经理

（1）负责检查监督展厅车辆的卫生情况、环境温度情况，督促销售顾问做好展车的卫生保洁工作。

（2）根据销售情况，及时补充车辆，以保证展厅的布局合理。

（3）负责大厅的空间布局和优化，体现本公司的文化气息。

（4）负责大厅内宣传图册、宣传画册、广告画的张贴和悬挂。

（5）督促销售顾问对来店客户的接待工作，并协助销售顾问完成来店客户的接待工作。

（6）负责监督展厅背景音乐的不间断播放并按音响播放规定操作。

（7）巡视、检查展厅内部环境（含办公室、卫生间）。

（8）负责对大厅接待和服务顾问的考评工作。

2. 大厅接待

（1）使用礼貌、规范用语，亲切、清晰、快速地接听来电，总机不得占线过长，总机接听后应及时接转分机，如遇有客户咨询，应及时转至相关人员，做好来电记录，下班前交给销售经理签字。

(2)每天做好晨会会议记录,下班前交给销售经理签字。

(3)安排销售顾问进行大厅值班,做好来店记录,要求前台必须有一位销售顾问迎接客户,来店记录下班前交销售经理签字。

(4)负责对销售部人员的考勤。

(5)负责公司信件、包裹、报纸等的接收工作,并及时交收件人,做好交接记录。

(6)负责本品牌车辆销售的开票和每月销售统计工作。

(7)负责对整个展厅环境的监督。

3．汽车销售顾问

汽车销售顾问是指为客户提供顾问式的专业汽车消费咨询和导购服务的汽车销售服务人员。汽车销售顾问的主要工作是:汽车的销售、汽车产品介绍及购买汽车相关问题的解答,具体工作包含客户开发、客户跟踪、销售导购、销售洽谈、销售成交等基本过程,还可能涉及汽车保险、上牌、装潢、交车、理赔、年检等业务的介绍、成交或代办。

2.1.2 维修实务

服务经理负责服务站即售后服务的全面工作。售后服务主要包括车辆的保养、维修及技术咨询工作。其他工作人员的主要工作任务如下。

1．技术总监

(1)负责制订年度技术培训计划并对技术工人实施培训。

(2)负责车间维修质量监控,对车间疑难技术问题进行技术支持。

(3)技术总监负责汽车维修、保养和服务过程技术文件的编制。

(4)负责维修设备及仪器的维护及管理。

(5)有权限在专用网站内部技术通报上读取相关技术信息,同时也可以将疑难故障的解决经验以案例的形式挂到网站上。

2．服务顾问

(1)负责为客户提供车辆保养维修现场接待。

(2)倾听并详细记录顾客的要求,通过仔细的诊断确定修理的内容并填写工单。

(3)负责填写车辆维修合同。确定合同中维修的项目、交车时间和预计维修费用。

(4)负责对所接待车辆的维修质量及维修进度进行监督;进行修理后最终检验。

(5)负责向顾客交车,并详细解释发票上的内容。

(6)负责向客户说明下一次需要进行的维修项目及时间。

3．车间经理

(1)切实抓好车间质量管理,严格检验。

(2)抓好车辆维修工期管理,负责协调与各部门之间的关系,控制维修质量及生产成本,确保车辆维修按时、按质完成。

(3)协调班组关系,作到均衡生产。

(4)负责车间环境卫生的管理、物品规范摆放。

(5)抓好车间文明生产,抓好劳动纪律和安全生产工作,严格操作规程。

(6) 抓好车间工具、设备、辅助消耗量的管理，厉行节约，杜绝浪费。

4. 前台主管

(1) 确保前台电话整天有人接听，并做好有必要的记录。
(2) 对顾客询价能够正确报价。
(3) 做好客户预约登记，并及时通知服务顾问。
(4) 确保快速正确地填写和打印任务委托书。
(5) 每个任务订单都具有有效的表格。
(6) 顾客每项修理及服务都有书面订单。
(7) 对客户提供的产品在任务委托书上做好记录。
(8) 对顾客投诉做好记录，及时上报服务经理。
(9) 确保做好外修服务的登记和汇总工作。
(10) 确保做好促销活动的登记和汇总工作。
(11) 确保做好顾客接待区的卫生清洁工作。

5. 服务顾问助理

(1) 负责接听前台电话，并做好必要的记录。
(2) 确保对顾客询价能正确地报价。
(3) 做好顾客预约的笔记，及时通知服务顾问和配件部做好准备工作。
(4) 做好保养提示预约的记录，并及时通知服务顾问进行保养预约，对预约成功者进行开具预约委托书。
(5) 协助服务顾问进行快速、正确地填写和打印委托书。
(6) 协助服务顾问进行正确的预检并引领用户到客户休息室。
(7) 向用户展示和介绍本公司的服务及特色服务。
(8) 协助服务顾问搞好本公司内部以及制造商新组织的各项服务活动，并对活动进行的结果进行整理和汇总。
(9) 协助服务顾问进行开具发票并解释结算清单的内容。
(10) 按照公司规定程序办理合同客户欠款，及时统计。
(11) 做好个人办公区的卫生检查工作。

6. 维修组长

(1) 严格执行质量体系的有关规定，确保对顾客的车辆进行快速、正确的修理。
(2) 确保顾客满意，耐心正确地解答客户的咨询。
(3) 确保使用座椅罩、脚垫、方向盘罩、叶子板护罩保护顾客车辆。
(4) 进行连续不断的质量检查和采用正确的测试方法与手段保证修理质量无差错。
(5) 正确地完成任务订单上的所有修理项目。
(6) 在进行故障诊断和从事较难的修理工作时，帮助下属维修人员。
(7) 本组在维修过程出现疑难问题时，负责与车间经理或服务顾问协调。
(8) 根据下属人员的修理能力以及约定的交车时间把任务订单分配给下属人员。
(9) 领导、指导、交流和激励下属人员。
(10) 积极参加内部培训。

7. 检验员

(1) 严格执行质量体系的有关规定。

(2) 负责对首次保养、7500 公里保养、15000 公里保养车辆过程检验的抽检工作。

(3) 负责对 3000 公里保养、安全维修车辆、重大事故车、总成大修车、钣金、油漆作业车辆进行过程检验和竣工检验。

(4) 负责对维修后需路试的车辆进行路试及进场车辆的路试。

8. 设备管理员

(1) 设备管理员负责编制年度设备添置计划，掌握设备技术。

(2) 建立设备台账，保管好设备修理技术资料。

(3) 负责制度设备维护、保养、修理、检查制度。

(4) 加强对设备日常检查和定期检查，对设备事故有权提出处理意见。

(5) 按周期检定要求，将所有检验、测量、试验设备按时送往有检定资格的单位进行检定、校准。

(6) 保存检验、测量试验设备的检定证书。

(7) 做好设备状态的标识。

9. 工具保管员

(1) 做好工具的保管、借发、登记造册等管理工作。

(2) 专用工具借出应登记，归还时应验收，发现损坏应立即查明原因并汇报车间主任。

(3) 常用工具应经常按账册项目查点，发现丢失要及时查明原因并申请补充。

(4) 负责修理档案的归档工作，同时协助查询维修档案资料，提供维修内容及维修技术数据。

(5) 负责车辆维修技术资料的保管、造册、借阅登记管理。

10. 事故协调员

(1) 严格执行事故车维修服务流程。

(2) 负责客户车辆发生肇事时保险公司进入现场并协助办理。

(3) 负责协助客户整理事故中所需手续。

(4) 在索赔谈判过程中，有义务保证被保险人被公正地对待，以便能根据保单条款使被保人得到真正的补偿。

(5) 保险理赔员必须尽其所能保持密切关注，促使理赔结果的达成，并为双方所接受。

(6) 监督保险公司赔款时间，使赔款能及时返给用户。

(7) 每月核对在修事故车辆情况。

11. 汽车召回协调员

(1) 确保车间和配件及整车销售部门的合理协调。

(2) 与销售经理、配件经理合作，合理组织信息结构。

(3) 确保车间、配件与整车销售部门工作优质、高效，以保证用户利益。

（4）对召回车辆严格按照《召回车辆管理制度》执行。

（5）对召回车辆及时记录、汇总，并上报有关领导。

（6）汽车召回员归属服务经理管理，由技术总监协调工作。

（7）坚持不懈地检查配件与整车的质量，通过故障报告定期反映质量问题。

（8）遵守服务技术手册中规定的汽车召回制度或其他条款。

（9）监控和收集难以解决的整车及配件质量问题的信息。

（10）为了充分协调好所有汽车召回工作，汽车召回协调员应当与进口商中的服务部门保持密切联系。

12. 机电工

（1）严格执行质量体系的有关规定，严格按照操作规定维修车辆。

（2）服从组长工作分配。

（3）维修保养好工具设备和检、测、试设备。

（4）按委托合同书的内容施工，如有疑问或维修中遇到问题应及时与组长联系。

（5）外出抢修或夜间服务必须按要求做评审、维修、记录工作。

（6）在维修过程中要做好自检工作，做到上道工序为下道工序服务，下道工序为上道工序把关。

（7）做好车辆标识、贮存、交付工作，不随意动车，做好维修质量记录。

（8）积极参加由技术总监和服务部组织的新车型、新技术的培训，做到熟练操作各专用仪器和设备。

13. 喷漆工

（1）严格执行质量体系的有关规定，并满足规定的要求。

（2）确定车辆油漆部位、颜色、漆质，按规定操作，确保质量。

（3）服从组长工作分配，遵守工艺规程，做好质量记录，控制特殊过程。

（4）做好车辆及油漆件的标识工作，正确使用及时保养好本工种机具设备，按时做好喷枪和烤房清洁维护工作，保持完好状态。

（5）严格遵守安全操作规程，切实认真搞好安全防火治保工作，严禁烟火进入作业区、漆料区、下班时关掉所有动力电闸，卷好放好皮管，盖好所有漆桶。认真做好文明生产和卫生工作，保持场地整洁，确保安全卫生。

（6）严格按委托书填写的项目施工，不得擅自增减项目。

14. 钣金工

（1）严格执行质量体系的有关规定，并满足规定的要求。

（2）服从组长工作分配，按"委托合同书"要求，确定整形、调换、修理部位，如有疑问或施工中遇到问题，应及时与组长联系，不得擅自增减项目；规范化作业，确保整形质量，提高顾客满意率。

（3）正确使用，维修保养好校正工具及设备，做到不缺油、不生锈。

（4）切实搞好安全防火工作，严禁烟火、油脂接近乙炔和氧气瓶，经常检查电气设备，杜绝漏气、漏电，工作时应戴好防护用具，确保安全，每天工作结束后，关掉气阀，存放好乙炔和氧气皮管，车间使用明火的地方，严格按照防火规定。

(5) 做好车辆(过夜车)及拆装件的标识、贮存、交付工作,维修完工自检合格后签字。

(6) 严格遵守操作规程,在电焊、气焊等特殊操作时安全操作规定,穿戴防护用品,搞好安全工作,保证维修质量,做好上下道工序的衔接配合。

(7) 积极参加由技术总监和服务部组织的新车型、新技术的培训。

(8) 认真做好文明生产和卫生工作,保持场地整洁。

2.1.3 配件销售实务

库房主管负责配件销售的全面工作,主要包括配件的入库、出库、订货和监控。

2.1.4 行政管理实务

行政各部门主要负责企业运营、策划、组织、控制、财务分析、工资和薪金结算等工作。

2.2 汽车销售的服务流程

流程就是工作的步骤和方式,那么汽车销售流程就是汽车销售工作的步骤和方法,这里所说汽车销售只是指汽车销售公司或者汽车销售服务企业的展厅销售。

规范流程的目的就是为了提高工作效率,合理的汽车销售服务流程有利于提高成交量。不同汽车销售服务公司的汽车销售服务流程大体上都相同,具体细节根据公司规模、销售品牌、人员配备而存在一定的差异。通常汽车销售服务流程如图2.3所示。

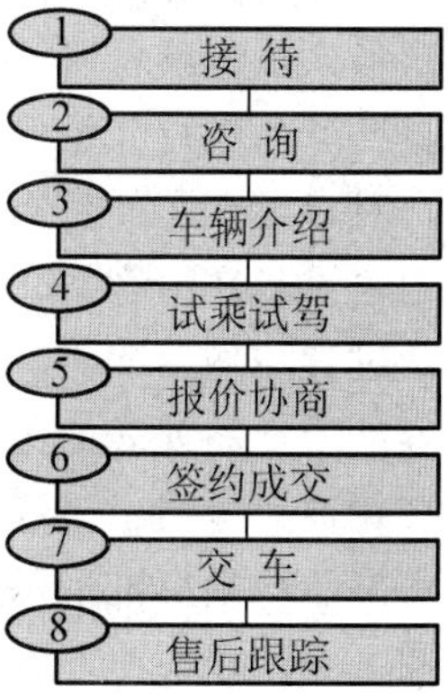

图 2.3 汽车销售服务流程图

2.2.1 接待

接待环节最重要的是主动与礼貌。销售人员在看到有客户来访时,应立刻面带微笑主动上前问好。如果还有其他客户随行时,应用目光与随行客户交流。目光交流的同时,销售人员应作简单的自我介绍,并礼节性的与客户分别握手,之后再询问客户需要提供什么帮助。语气尽量热情诚恳。

2.2.2 咨询

咨询的目的是为了收集客户需求的信息,以便充分理解客户购车的准确需求。例如,当客户来购买奥迪车时,除了需要交通工具外,其背后还可能有其他需求,如图2.4所示。

销售人员的询问要耐心、友好、信任。销售人员在回答客户的问题时,要把握适度的原则,既不要服务不足,更不要服务过度。这一阶段应让客户随意发表意见,并认真倾听,以了解客户的需求和愿望。

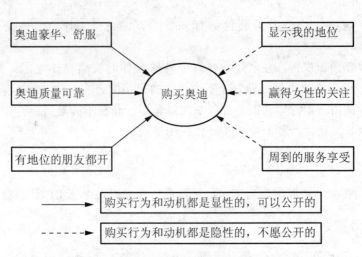

图 2.4　客户购买汽车的各种需求

2.2.3　车辆介绍

在车辆介绍阶段最重要的是有针对性和专业性。汽车的技术参数很多,应该从前面的咨询信息分析出客户最关注的要素开始,对客户的疑问要尽量详细解答。

销售人员应具备所销售产品的专业知识,同时亦需要充分了解竞争车型的情况,以便在对自己产品进行介绍的过程中,不断进行比较,以突出自己产品的卖点和优势,从而提高客户对自己产品的认同度。

销售人员在给客户介绍汽车时,最重要的技能就是做好汽车销售的展示,通过调研,在展示过程中做出购买决策的占最终购买的74%。中国汽车的潜在消费者的确还有许多停留在容易受产品外表的美丽刺激的阶段,任何时候都会有这个类型的客户。但是,高档车仅仅靠普通销售展示是远远不够的,要求销售人员必须有满足客户特殊需求的技能。全面的销售展示包括标准展示流程、针对特殊客户个性化的产品展示。汽车销售展示的标准流程如图2.5所示,汽车六位介绍法的站位顺序应该是①→②→③→④→⑤→⑥。

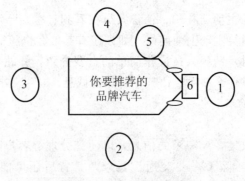

图 2.5　汽车六位介绍法

1. 第一位

当客户接受你的建议,愿意观看你推荐的车款时,你应该从车的正前方开始向客户介绍你所要推荐的车辆,如图2.6所示。在这个位置你需要向客户介绍以下内容:

(1)前照灯的特性；
(2)前风挡玻璃；
(3)越野车的接近角；
(4)品牌特征；
(5)车身高度；
(6)前格栅通风散热装置；
(7)雨刷器；
(8)保险杠设计。

图 2.6　汽车销售展示第一位

2. 第二位

如图 2.7 所示，到达这个位置时，客户的兴趣开始进入状态，根据客户的需求，要有针对性地介绍汽车的这个侧面。在这个位置需要向客户介绍的内容如下：

图 2.7　汽车销售展示第二位

(1) 汽车的进入特性；
(2) 侧面的安全性；
(3) 侧面玻璃提供的开阔视野；
(4) 越野车的通过性；
(5) 轮胎与轮毂；
(6) 车的长度；
(7) 防水槽或者支架；
(8) 车体及防刮保护。

3. 第三位

如图2.8所示，带领客户到达了这个位置，切记要征求客户的意见。如果客户有额外的问题，请在你全面介绍后再仔细回答他们。这个位置是一个过渡位置，但车的许多附加功能需要在这里介绍。在这个位置需要向客户介绍的内容如下：

(1) 后备箱开启的方便性；
(2) 后备箱的容积大小；
(3) 汽车的扰流板（尾翼）；
(4) 越野车的离去角；
(5) 后排座椅的易拆性；
(6) 后视窗的雨刷器；
(7) 备胎的位置设计；
(8) 尾灯的设计。

(a) 尾部正面

(b) 后备箱内部

图2.8 汽车销售展示第三位

4. 第四位

如图2.9所示，到达第四位时，争取让客户参与的介绍过程，邀请客户打开车门、触摸车窗、轮胎等。要注意观察客户感兴越的方面。

此时，可以回答客户的一些问题，包括车辆的安全性能、外型特性及超值性等问题。如果客户问及发动机方面的问题，你可以告诉他到6号位置时再介绍。

图2.9 汽车销售展示第四位

5. 第五位

如图2.10所示,到5号位置时,一定要引导客户到车内体验一下前排及后排的感觉,并给予细致的解释。如果客户本人就是未来这个车的驾驶者,那么邀请他到驾驶员座位上,你应该采用蹲跪姿势向客户解释各种操作方法,包括雨刷器的操作、挂挡及仪表盘的介绍等。在这个位置需要向客户介绍的内容如下:

(1) 座椅的多方向调控介绍;
(2) 方向盘的调控;
(3) 前视野;
(4) 腿部空间的感觉;
(5) 气囊以及安全带;
(6) 制动系统的介绍;
(7) 操作方便性、音响及空调等;
(8) 车门的控制等。

(a) 前排空间　　　　　　　　(b) 后排空间

图2.10 汽车销售展示第五位

6. 第六位

如图2.11所示，这个位置你开始介绍汽车发动机的动力。介绍汽车的时候，发动机的动力表现是非常重要的一个方面。在这个位置，可将前机盖示范地打开。根据客户的情况主要介绍以下内容：

（1）发动机的布局；
（2）添加机油等液体的容器；
（3）发动机悬挂及减震器的设计；
（4）节油的方式；
（5）环保及进排放系统的设计；
（6）散热器的设计与摆放。

图2.11 汽车销售展示第六位

2.2.4 试乘试驾

当客户对我们介绍的车有了一定的兴趣后，我们就可以让他来试驾，亲自体验驾驶的感觉。在这里要注意：车辆要清洁，且处于最佳的状态。试驾前要将基本的操作方法教给客户，各种路况都要在认真准备后实地行走。在客户试驾时不要过多说话，让客户更大地体会到试驾的乐趣。

2.2.5 报价协商

报价协商通常就是价格协商，销售人员应注意在价格协商之前保证客户对于价格、产品、优惠、服务等各方面的信息已充分了解。

试驾后就要开始价格协商，也就是谈判。客户往往对价格是很关心的，在客户没有最后下决心购车之前，一般不向客户提示价格。

对价格的提示，应简单明了，要始终保持自信，要仔细观察客户，观察其反应，根据其反应来制定相应的销售技巧。在交涉中，即使是很小的降价要求，也不能马上就认可，一定要给客户一种销售水平很高的感觉。当价格交涉进行不下去时，可以给客户谈附属品及装备品等优惠的条件。

在销售附属品时，一定要给客户提供样品，注意不要强迫推销。附属品及装备品销售的时机是在客户决定购买汽车时。当客户提出关于附属品的问题或展示车辆所装配的附属品时也可以销售附属品及装备品。

要观察客户对什么问题最关心，以便帮助解决。有可能客户要走，那么一定要提出希望下次再见，留下客户的姓名和地址以及联系方式。

2.2.6 签约成交

在成交阶段不应有任何催促的倾向，而应让客户有更充分的时间考虑和做出决定，但销售人员应巧妙地加强客户对于所购产品的信心。在办理相关文件时，销售人员应努力营造轻松的签约气氛。

收取客户身份资料，开发票，在车管所办理上牌手续、领取牌照、固封，办理保险，通知客户取车。

2.2.7 交车

要确保车辆毫发无损，在交车前要对车辆进行移交检查，然后对车进行清洗，车身要保持干净。不同品牌的车辆进行移交检查的内容有所不同。下面以宝马汽车为例说明移交检查的内容。

1. 利用电脑检测仪检查的内容

（1）退出运输模式。

（2）将首次注册登记日期输入车辆。

（3）调整车载显示日期。

（4）设置电话号码：客户热线，本地代理商，BMW移动服务。

（5）设置法定车辆检查日期。

（6）设置法定排放检查日期。

（7）自动分析蓄电池（根据车辆配置情况）。

（8）删除车辆故障记忆。

2. 常规检查内容

取出弹簧锁止件，如图2.12所示。

（1）去掉刮水器片的保护外壳，如图2.13所示。

（2）检测蓄电池。

（3）根据规定去除车辆的防腐措施并清洁车辆。

（4）贴上BMW集团机动服务标签。

（5）将使用说明、保养记录本、售后服务联系手册、BMW集团的保养服务和机动服务、两个带遥控器的主钥匙、一个备用钥匙和钥匙袋与车辆一起移交。

（6）将订购内容与供货范围进行比较。

（7）检查型号铭牌和车辆身份识别号码。

（8）功能检查：发动机、变速箱、转向系、行车制动器和驻车制动器。

（9）检查机油油位，如有必要，补充机油。

图 2.12 取出减振器弹簧锁止件

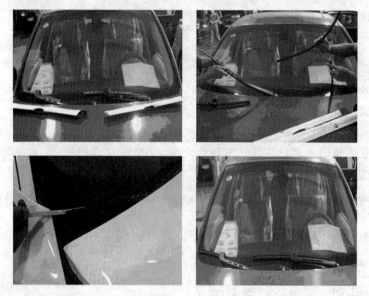

图 2.13 去掉刮水器片的保护外壳

（10）目测燃油管路、燃油软管和燃油箱状态及密封性。

（11）检查轮辋尺寸、轮胎尺寸和型号以及轮胎压力（包括备用轮胎）。

（12）目测制动系统的接头和管路的密封性、损坏情况以及安装位置是否正确。

（13）将特种装备 SA 清单贴在保养记录本中，在保养记录本上盖章签收。

（14）检查照明设备，仪表照明、报警灯和指示灯、暖风机、喇叭、大灯变光功能、警示闪烁功能。

（15）检查控制信息。

（16）检查点烟器的功能。

（17）检查自动空调、通风和风扇。

(18) 检查中央锁的功能。
(19) 收音机：功能检测。
(20) 接通用电器，检查遥控器及其他现有特种装备 SA 的功能。
(21) 检查仪表板功能。

2.2.8 售后跟踪

一旦汽车出售以后，要经常回访一下顾客，及时了解顾客对我们汽车的评价及其使用状况，要提醒顾客作保养。

有很多销售人员觉得向客户交车后就已经完成销售了，或者觉得售后跟踪可有可无。其实不然，售后跟踪虽然是销售过程的最后阶段，但也是下一次销售活动的开始。为了发现新的客户，最重要的确保可以从老客户那里得到，因此要经常与所有的老客户保持联系。当客户提出抱怨时，我们应该做的以下几点。

(1) 仔细听取客户所提出的问题。
(2) 分析不满的原因。
(3) 找出解决问题的办法，一直到问题解决为止。

无论有没有解决问题的最终权利，都要及时向客户进行汇报，向客户表明销售店立场。要时常想着客户，站在客户的立场上思考问题，了解客户现在做什么想什么，与客户保持良好关系比解决一两个问题更重要。如果客户能把你看成是一个朋友和顾问专家，那么你的销售就成功了一半了。

 应用案例

汽车维修人员销售汽车的能力比不过专业的汽车销售人员

"如果我能够像修车师傅那样熟悉汽车各种复杂的技术，那么我一定可以成功地销售出许多汽车"，这个看法有道理吗？

实际上，在对美国汽车市场、欧洲汽车市场以及亚洲汽车市场进行考察后，经过对比，我们了解到：汽车维修人员销售汽车的能力远远比不过专业的汽车销售人员。因为在购买汽车的潜在客户面前，维修人员的主要职能是维修汽车，而销售人员的主要职能是根据客户的切实需求，推荐符合他们需求的恰当的汽车，而并不需要对汽车的具体技术细节知之甚多。

经过大量的访谈和问卷调研，我们发现大多数的客户在购买汽车的过程中，经常提出的问题有：

(1) 内饰有哪些选择？
(2) 百米加速表现如何？
(3) 可以载重多少？
(4) 越野性能怎么样？
(5) 气囊如何工作和使用的呢？
(6) 刹车系统与以往的有什么不同？
(7) 配置豪华吗？
(8) 价格上有没有商量呀？
(9) ABS 是几通道的？
(10) 是双顶置凸轮还是单顶置凸轮呢？

2001 年，经过对汽车消费者的调研后发现，中国汽车消费者在完整的汽车采购过程中，平均会问 48 个问题，这些问题可以归纳为三个方面：商务问题、技术问题以及利益问题。

商务问题的定义是：所有有关客户采购过程中的与金额、货币、付款周期及其交接车时间有关的问题都属于商务问题。付款方式方面的问题都属于商务问题，设置讨价还价的问题也属于商务问题。

技术问题的定义是：所有有关汽车技术方面的常识、技术原理、设计思想、材料的使用等都可以归纳为技术方面的问题。

利益问题的定义是：所有客户关心的汽车使用性能方面的问题都属于利益问题。比如四通道 ABS 对行车安全有什么帮助，这个问题就属于利益问题。客户在采购汽车的过程中问到的许多问题，其表面上看多数是商务问题或者是技术问题，但其实质应该算是利益问题。如客户关心 ABS 的通道似乎是一个技术问题，但其实，客户关心的是这个四通道对汽车行车时的安全有什么帮助？

经过对 894 个汽车消费者问卷的统计，在客户采购汽车时提问的所有问题中，利益问题的数量占总提问数量的 73%，绝对的技术问题占 9%，商务问题占 18%。因此，从这个调研的结果就可以理解"汽车维修人员销售汽车的能力远远比不过专业的汽车销售人员"这个道理了。

案例点评：非专业的销售顾问相信运气，运气好时带来很好的业绩。专业的销售顾问相信通过有效的计划来追踪客户，是带来稳定业绩的最重要因素，有了计划再进行追踪、检查与改善，销售效益才能逐步提升。

2.3　汽车维修服务流程

2.3.1　售后服务中心简介

售后服务中心主要为客户提供汽车维修、保养及其他服务。企业的成功取决于客户的满意程度。为提高服务质量，企业都在不断改进服务流程，最大地满足客户需求。为提高工作效率，各服务中心在空间布局方面都进行了精心设计，图 2.14 为汽车销售服务中心的各部门的空间布局示意图。

图 2.14　汽车销售服务中心的示意图
1—前台；2—服务咨询办公室；3—车辆服务咨询；4—维修车间计划；5—维修车间；
6—诊断和编程；7—零件销售计划；8—零件销售的维修车间柜台；
9—零件销售的现金销售部门；10—配件库房

1. 前台

前台是迎接和接待客户的中心区域。在此客户可以进行商谈汽车维修、养护、技术咨询等汽车服务方面的相关问题和事项的联系人。

2. 服务咨询办公室

服务顾问在办公室与客户面谈。服务顾问可以了解客户的要求和问题。服务顾问与客户一起拟定一份工单并将所需数据输入指定系统。

3. 车辆服务咨询

在车辆服务咨询处，客户向服务顾问指出故障或损坏情况，或反过来。服务顾问确定工作范围并可据此为客户制定准确或大概的费用计划。费用计划的制定与各部门工作密切相关。此外，服务顾问还要与维修车间商定完工时间并将该时间告知客户。咨询谈话结束时，服务顾问将制定工单，同时需要客户在拟定的工单上签名，在整个维修车间流程中工单随车辆一起移交。合同双方都有义务遵守这个工单。

4. 维修车间计划

维修车间计划部门（主要是指生产调度）与服务顾问协商维修或保养的开始时间以及完工时间。维修车间计划部门针对维修车间流程制定工单执行计划并监督工单状态。

5. 维修车间

维修小组从维修车间计划部门得到工单。维修小组工根据需要与服务顾问详细讨论工单并完成所需工作。

6. 诊断和编程

为确保工作准确无误且达到最佳状态，维修车间内设立了一个独立的部门，即诊断和编程部门，所有需要维修的车辆，在进行维修前，都需要利用电脑检测仪进行快速诊断，打印诊断报告，作为维修参考依据，对一些隐形故障需要向客户说明。

7. 零件销售计划

零件销售计划部门负责及时订购所需零件并确保提供充足的易损件。

8. 零件销售的维修车间柜台

零件销售的维修车间柜台是零件销售与维修车间的衔接点。在这里针对每份工单发放零件，保证车间的正常维修作业。

9. 零件销售的现金销售部门

现金销售部门是汽车销售服务中心客户购买零件和附件的另一个接待处。客户可以在现金销售柜台为其车辆订购所需零件和附件。

10. 配件库房

可提供给汽车销售服务中心的新零件和附件，储存在配件库房内。为便于迅速找到这些零件，零件都采用编号系统进行管理。

2.3.2 维修服务流程

维修服务流程如图 2.15 所示。

```
1  客 户 接 触
2  预     约
3  预 约 准 备
4  服 务 接 待 咨 询
5  工 单 处 理
6  结 算 准 备
7  车 辆 交 付
8  客 户 关 怀
```

图 2.15 维修服务流程

1. 客户接触

由前台人员或服务顾问与客户联系,要全面了解客户对我们的要求,客户的需求如图 2.16 所示。

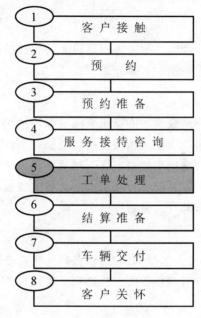

客户对我们的要求

- 遵守约定时间,维修保养快速
- 感到宾至如归
- 礼貌、亲切,需求受关注
- 专业化、高质量地完成工作
- 员工具备专业技能和专业知识
- 按规定进行维修
- 表述正确可信
- 取车时车辆整洁

图 2.16 客户的要求

2. 预约

由前台人员或服务顾问与客户进行日期约定。预约时要做好以下几点。

(1)前台人员(或服务顾问)应仔细倾听顾客述说,记录好顾客的愿望(问题)和车辆信息。

(2)告诉顾客可以提供哪些服务,并就以下方面达成约定:进站时间、服务顾问的姓名、暂定的取车时间和预计维修费用。并告知顾客进站时所需携带的证件和资料。

(3) 预约成功的车辆由服务顾问制定预约《业务委托书》(参考格式见本章附录一),修理项目下注明预约服务和进厂时间,并将车辆相关信息登记于《预约/车间能力计划表》。

为提高车间维修工作效率,前台人员或服务顾问应加强预约,主动与客户进行预约。当顾客来电要求修车时,这种情况属于被动预约。

3. 预约准备

1) 预约订单的准备

预约成功的车辆制定预约《业务委托书》,要求一式三联。

(1) 将《业务委托书》第一联放置于车间预约板,车辆进站后请顾客确认签字后凭此单施工。

(2) 将《业务委托书》第二联交配件部,预约配件放于预约货架上。

(3) 将《业务委托书》第三联交维修组长,准备工位、工具等。

2) 工作环境准备

(1) 预检区、工作区都应留有空位。

(2) 各个停车区都应有空位;如竣工区、待修区等。

(3) 公司各功能区应保持清洁、整齐。

4. 服务接待咨询

服务接待咨询由服务顾问完成,在服务顾问办公室或在预检区车辆旁进行,主要任务是确定维修项目、交车日期及预计维修费用。最后,完成《业务委托书》。

1) 预检

(1) 服务顾问在预检区进行预检时,为避免造成车辆内部损坏或脏污,必须用塑料薄膜护套保护驾驶员座椅和方向盘,用纸垫保护脚部空间,为避免划伤或弄脏侧围,开始工作前将车辆前端与侧围必须罩上护罩,如图2.17所示。

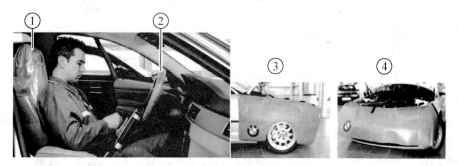

图2.17 车辆防脏污与划伤的保护

1—驾驶员座椅护套;2—方向盘护套;3—车辆前端护罩;4—车辆侧围护罩

(2) 填写《接车预检单》,详细记录顾客对车辆故障现象的描述(顾客的要求及期望)。与客户一起进行以下四项检查。

① 内饰、仪表里程数和油表数。

② 车身外观。

③ 轮胎轮毂。

④ 询问客户是否可以开启行李箱(检查备胎气压、随车工具、警示牌)。

2) 故障判断

(1) 针对顾客对车辆故障现象的描述，服务顾问在预检区进行故障诊断工作。

(2) 对存在疑难故障的车辆应移入车间，由维修技师或技术总监参加进行故障诊断。

(3) 只有通过驾驶才能进行故障诊断的车辆，服务顾问需与顾客一起做路试。

(4) 服务顾问需耐心地向顾客解释发生故障的原因。

(5) 经故障诊断后顾客愿意维修的车辆直接退出预检区。

(6) 不需要进入车间内进行维修的项目，车辆维修作业直接在预检区完成。

3) 制作定单

(1) 需核对的信息，重点核对用户及车辆信息。

(2) 定单确认

① 服务顾问根据顾客意愿和预检时《预检单》的检查记录与顾客协商确定最终修理项目、交车时间及预计维修费用。

② 必须逐项说明修理项目、修理时间和预计维修费用。如果不能确认配件价格及工时价格要能熟练的从电脑中查询配件及工时价格(或请配件部协助)。

③ 在订单中记录客户不同意的维修项目，告知免费的项目和经销商/维修站目前的服务活动。

④ 服务顾问应向顾客说明，在维修过程中，可能出现追加维修项目，维修费用超出订单预计维修费用时，需请顾客确认，顾客授权后方可进行追加项目的维修。

⑤ 顾客拒绝维修的项目及自带配件的维修项目要准确地记录。

⑥ 逐项核对后，请顾客在《业务委托书》上签字。

4) 服务接待咨询过程中服务顾问的其他责任

(1) 服务顾问负责预检车辆的简单故障判断及一般的路试，维修高峰时负责对进入接待区的车辆，组织顾客排队等候。

(2) 服务顾问负责对无其他修理项目，只需要添加各种油液的车辆在预检区内补充油液。

(3) 事故车修理由服务顾问将定损保险公司、定损员姓名及金额准确录入电脑。

(4) 服务顾问负责向首次进站的顾客发放名片。

(5) 服务顾问接待索赔车辆时需索赔员确认签字或服务经理签字，如特殊情况需技术总监认定。

(6) 如客户表示在维修站等待，引导客户进休息室；如客户表示离开维修站，告知提车时间。

5. 工单处理

《任务委托书》经顾客签字确认后，服务顾问通知并将车辆及《业务委托书》交车间经理或对应小组的组长。《任务委托书》到车间后，就是维修人员的工作单，简称"工单"。工单处理在维修车间内进行。标准流程如图 2.18 所示。

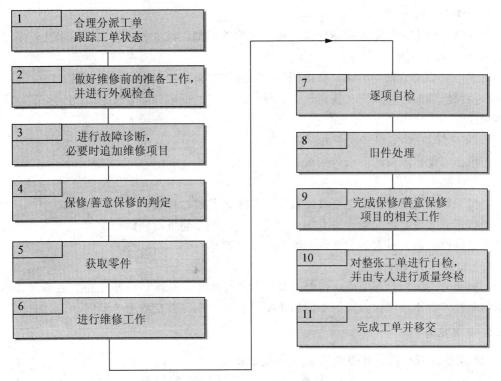

图 2.18 工单处理流程

1) 合理分派工单，跟踪工单状态

合理分派工单是车间高效运转的基础，也是按时交车的保障。分派时既要考虑到将合适的工作派给合适的维修人员，又要考虑到工位的使用情况等。同时服务顾问也会定期对工单进行跟踪，以确定其进展状态。

2) 做好维修前的准备工作，并进行外观检查

应该在开始工作之前，将各项准备工作做好。以节省维修时间。在正式开始维修之前，还需要对车辆进行外观检查。确保所有外观上的损伤都已经被记录下来，以避免将来可能发生的纠纷。

3) 进行故障诊断，必要时追加维修项目

进行故障诊断，如发现需要追加的维修项目，由服务顾问与顾客协商，获得顾客授权后方可进行追加项目的维修。

4) 保修/善意保修的判定

维修项目是否属于保修或善意保修，应由车间的专人进行判定。一旦认定为保修或善意保修项目，需要技师按照相关的规定实施维修。

5) 获取零件

用快捷的方式获取零件，可以最大限度的减少因领取零件所造成的时间延误，从而使客户的交车时间获得保障。

对于事先可以预知的零件，甚至可以在开工前预提零件。零件部的员工也可以将零件直接送到工位上，以节省技师的时间。

6) 进行维修工作

对照工单上的维修项目，维修技师应严格按照维修流程及操作规范，开展维修工作。

7）逐项自检

在维修过程中，每完成一项维修工作，维修技师都应该进行自检，以确保维修质量。

8）旧件处理

对于维修更换下来的旧件，要按照客户或保修政策的要求进行相应处理。

涉及保修的旧件应放置在规定地点，保留到规定的期限，客户要求保留的旧件应妥善为客户保留。

9）完成保修/善意保修项目的相关工作

按照公司保修政策的要求，完成相应工作。

10）对整张工单进行自检，并由专人进行质量终检

维修工作结束后，应由主修技师首先对整张工单进行自检。

每次完成大修、与安全和噪音相关的维修后，都必须进行路试。

质量终检必须由专人进行，同时填写质量终检单。

11）完成工单并移交

车间部分的工作全部完成，维修人员将车辆停放于洗车区，洗车工按先后顺序清洗干净后将车辆停放于竣工区，锁好车门后将钥匙和委托书一并交给服务顾问。

6．结算准备

（1）服务顾问核对顾客描述的故障是否排除。

（2）检查车辆是否清洗干净（外观、内部、拆过的部位及周围），尤其是在车内完成的工作要仔细检查车辆内饰是否有脏污现象。

（3）将工单与实际完成的工作进行对比。

（4）由前台开具结算单。

（5）服务顾问通知顾客进行结算。

7．车辆交付

交车由服务顾问完成。服务顾问向客户解释结算单。并告诉顾客下次需要保养的时间，将车辆交给客户并送走客户。

（1）逐项说明工时费及工时费的优惠情况。

（2）逐项说明材料费。

（3）总计修理金额。

（4）更换零部件的质量担保说明。

（5）拒绝维修项目提醒。

（6）下次保养里程提醒。

8．客户关怀

客户关怀部门根据客户接受的服务内容，在规定时间内进行客户满意度调查，对客户提出的意见积极处理、协调及上报。

2.3.3 事故车维修服务流程

鉴于事故车维修过程中需要与第三完善方（保险公司）进行沟通的特性，在实际工作中应遵守上述《维修服务流程》基本原则外，还必须遵守《事故车维修服务流程》，两者互

相补充，共同组成了事故车维修的标准服务流程。图 2.19 是沈阳市某汽车销售服务公司的事故车维修服务流程。

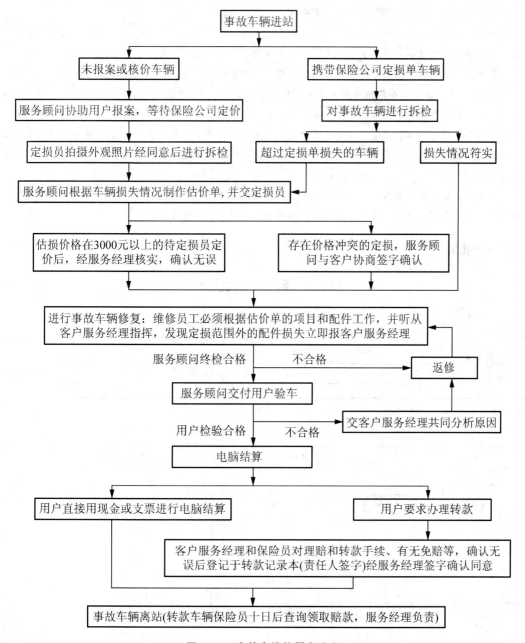

图 2.19 事故车维修服务流程

管理学经典定律

鲇鱼效应(Catfish Effect)

以前，沙丁鱼在运输过程中成活率很低。后有人发现，若在沙丁鱼中放一条鲇鱼，情况却有所改观，成活率会大大提高。这是何故呢？

原来鲇鱼在到了一个陌生的环境后，就会"性情急躁"，四处乱游，这对于大量好静的沙丁鱼来说，无疑起到了搅拌作用；而沙丁鱼发现多了这样一个"异己分子"，自然也很紧张，加速游动。这样沙丁鱼缺氧的问题就迎刃而解了，沙丁鱼的成活率也就大大提高了。

当一个组织的工作达到较稳定的状态时，常常意味着员工工作积极性的降低，"一团和气"的集体不一定是一个高效率的集体，这时候"鲇鱼效应"将起到很好的"医疗"作用。一个组织中，如果始终有一位"鲇鱼式"的人物，无疑会激活员工队伍，提高工作业绩。

"鲇鱼效应"是企业领导层激发员工活力的有效措施之一。它表现在两方面，一是企业要不断补充新鲜血液，把那些富有朝气、思维敏捷的年轻生力军引入职工队伍中，甚至引入到管理层，给那些故步自封、因循守旧的懒惰员工和官僚带来竞争压力，才能唤起"沙丁鱼"们的生存意识和竞争求胜之心；二是要不断地引进新技术、新工艺、新设备、新管理观念，这样才能使企业在市场大潮中搏击风浪，增强生存能力和适应能力。

管理启示：在管理汽车维修企业过程中，要不断提高技术水平，增强创新服务意识，引用竞争机制，激发员工的工作热情。这样企业才能在激烈的汽车维修市场竞争中健康发展。

 知识拓展

汽车维修委托书

客　户　号	_____	委托书号	_____
车主姓名	_____	修理类型	_____
车主电路	_____	修理日期	_____
车主住址	_____	交车日期	_____

客户故障描述					
牌照号		购车日期		车辆识别码	
车　型		公里数		发动机号	
修理工位	修理内容	修理工时	修理工	自检签名	
预计维修费用	材料费				
	工时费				
备注：1. 追加项目需与顾客协商确认。 　　　2. 修理工料费按实际发生额结算。 　　　3. 随车贵重物品顾客自行保管，如有遗失，公司方不承担任何责任。					
服务顾问签字			顾客签字		

　　　　　　　　　×××汽车销售服务有限公司　　电话：
　　　　　　　　　地址：　　　　　　　　　　　　邮编：

汽车维修合同

托修方 _____　　签订时间 _____　　合同编号 _____
承修方 _____　　签订地点 _____

一、车辆型号

车种		牌照号		发动机	型号	
车型		底盘号			编号	

二、车辆交接期限（事宜）

送　修				接　车			
日期		方式		日期		方式	
地点				地点			

三、维修类别及项目

预计维修费用金额（大写）_____（其中工时费 _____）

四、材料提供方式
_____

五、质量保证期
维修车辆自出厂之日起，在正常使用情况下，____天或行驶____公里以内出现维修质量问题承修方负责。

六、验收标准及方式
_____

七、结算方式及期限
_____

八、现金_____ 转账_____ 银行汇款_____ 期限_____

九、违约责任及金额

十、如需提供担保，另立合同担保书，作为本合同副本。

十一、解决合同纠纷的方式，经济合同仲裁_____法院起诉

十二、双方商定的其他条款

托修方单位名称（章）	承修方单位名称（章）
单位地址：	单位地址：
法定代表人：	法定代表人：
代理人：	代理人：
电　话　　　　　　电　挂	电　话　　　　　　电　挂
开户银行　　　　　　账　号	开户银行　　　　　　账　号
邮政编码	邮政编码

说明：

1. 承修方签订书面合同的范围：汽车大修、主要总成大修、维修费在2万元以上的。
2. 本合同正本一式两份，经承、托修方签章生效。
3. 本合同维修费是概算费用，结算时凭维修工时费、材料明细表，按实际发生金额结算。
4. 承修方在维修过程中，发现其他故障需增加维修项目及延长维修期限时，承修方应及时以书面形式（包括文书、电报）通知托修方，托修方必须在接到通知后_____天内给予书面答复，否则视为同意。
5. 承、托修方签订本合同时，应以《汽车维修合同实施细则》规定为依据。

注：本合同一式_____份。承、托修双方各一份，维修主管部门各_____份。

本章小结

现阶段汽车维修服务的大型企业主要都集中在汽车销售服务公司（4S店），汽车销售服务公司的业务主要是整车销售、售后服务、零配件销售、信息反馈等业务。

流程就是工作的步骤和方式，规范流程的目的就是为了提高工作效率。汽车销售流程就是汽车销售工作的步骤和方法。合理的汽车销售服务流程有利于提高成交量。不同汽车销售服务公司的汽车销售服务流程大体上都相同，具体细节根据公司规模、销售品牌、人员配备而存在一定的差异，一般销售流程分为：接待、咨询、车辆介绍、试乘试驾、报价协商、签约成交、交车及售后跟踪8个环节。

为提高服务质量，汽车维修企业都在不断改进维修服务流程，不同的企业根据自身的特点，其维修服务流程可能存在一定的差异，一般情况下，汽车维修服务流程分为：客户接触、预约、预约准备、服务接待咨询、工单处理、结算准备、车辆交付、客户关怀8个环节。

思 考 题

1. 简述汽车4S店服务顾问的岗位职责。
2. 简述汽车销售服务流程。
3. 简述汽车维修服务流程。
4. 简述什么是预约维修？应该如何加强预约维修？
5. 为什么新车销售时需要进行车辆移交检查？移交检查内容有哪些？

能 力 训 练

1. 针对某汽车维修企业，设计一种《业务委托书》格式。
2. 针对某汽车维修企业的维修服务流程存在的问题，设计一个改进方案。
3. 模拟维修服务顾问的接待工作情景，请确定维修车辆的维修项目，并完成《任务委托书》。
4. 模拟维修服务顾问的交车工作情景，请正确将维修完成的车辆交给车主。
5. 针对某汽车维修企业，确定工单处理的流程的改进方案。

第3章 汽车维修企业的生产技术管理

学习目标

知识目标	(1) 了解汽车维护与汽车修理的内容 (2) 了解汽车维修企业生产管理的内容 (3) 了解汽车维修企业生产调度的岗位职责
能力目标	(1) 能够自我做好劳动安全与劳动保护 (2) 能够结合维修企业的实际制定某一型号汽车各级保养规范及验收标准 (3) 能够结合维修企业的实际制定某一型号汽车的发动机总成大修工艺规范及验收标准

本章导读

随着现代汽车技术的发展、汽车维修理念的变化、汽车用户需求的变化,汽车维修企业之间的竞争将开始普遍发生变化:从维修能力的竞争上升为企业技术管理水平的竞争;从简单维修服务竞争上升为顾客满意度竞争。

所谓"维修能力"就是企业修理汽车的力量,包括技术人员、维修设备、一定的作业场地、一定的工艺方法等。

所谓"技术管理"就是指对企业生产全部技术活动进行科学管理的总称,包括合理配备技术人员、合理配置及使用维修设备、采用先进的工艺方法、合理安排维修活动等。

在 20 世纪八九十年代的中国，拥有一两个技术高手，有几台维修检测设备，甚至获得一份车型维修手册，得到一本配件目录，这就标志着该企业具有很高的维修能力，企业就能领先。那个时代已经过去了，当技术人员、维修设备、维修资料的获得不再是什么难事的时候，在同等条件下，比拼的是如何对这些生产要素以及生产活动进行科学的配置和管理，让人和设备创造出最大的效益。

技术管理水平的优劣关系着企业劳动生产率的高低，关系着企业竞争能力的强弱，也就关系着企业的生死。从现代汽车维修企业的发展看，技术管理水平的竞争已经成为一种必然的趋势。

 案例导入

某维修企业的一个业务接待员辞职不干了，老板让车间唯一的一名质量检验员接替业务接待员，虽然有很多人提出反对意见，老板却坚持说："只要每个维修工都有责任心，认真修车，修完后再认真检查，这样就可以不用检验员了。"此后陆续有零星返工发生，老板也没在意，直到有一天，一个维修工在更换本田雅阁轿车机油滤芯时，由于操作不慎，造成滤芯表面变形，当时没有人发现。后来车辆在高速路行驶时，滤芯表面变形处突然破裂，机油漏出，造成发动机烧坏，损失了一万多元。

3.1 汽车维修企业的作业内容

3.1.1 汽车维修作业过程中的常用名词术语

（1）检查。按技术要求对零部件、总成件进行检查，不符合要求的必须进行紧固、调整、修理或更换。

（2）拆检。按技术要求对零部件、总成件进行分解检查，不符合要求的予以修理或更换。

（3）测检。按技术要求对零部件进行测量、检查。

（4）更换。按技术要求，更换新的零部件或总成件。

（5）调整。按技术要求，对零部件或总成件进行调节整定。

（6）清洁。按技术要求，清除零部件、总成件表面的积炭、油污、结胶物和脏物。

（7）清洗。拆下或不拆下机件，利用溶剂进行洗涤。

（8）换油。对总成件外表面清洗后，按规定更换原有的润滑油或液压油。

（9）润滑。清洁总成件外表面，按规定加注润滑油或润滑脂。

（10）拆装。将总成件从原车拆下，按技术要求进行各项作业，再将其装回原车。

（11）变形。汽车零件在使用过程中零件要素的形状和位置发生变化不能自行恢复的现象。

（12）泄漏。汽车上有密封要求的部位漏气（液）量超过技术要求规定的现象。

（13）异响。汽车总成或机构在工作中产生的超过技术要求规定的不正常响声。

（14）损伤。在超过技术文件规定的外因作用下，使汽车或其零件的完好技术状况遭到破坏的现象。

（15）过热。汽车总成或机构的工作温度超过文件规定的现象。

（16）磨合。汽车总成或机构组装后，改善零件摩擦表面几何形状和表面层物理机械性能的过程。

（17）热磨合。发动机自行运转的磨合。

3.1.2 汽车维护

汽车维修是指汽车维护与汽车修理。汽车维护也叫汽车保养或汽车养护。

所谓汽车维护，就是在车辆技术状况完好时，为维持汽车完好的技术状况或工作能力而进行的技术作业。其作业内容主要包括清洁、补给、润滑、紧固、检查、调整以及发现和消除汽车运行故障和隐患等。汽车维护的分类如图3.1所示。

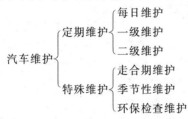

图 3.1 汽车维护分类示意图

汽车维护的目的是降低汽车机件的磨损速度，预防故障发生，使汽车经常保持良好的技术状况，延长汽车使用寿命。

通过对汽车的良好维护，可大大延缓汽车技术状况变坏的速度，减少汽车技术故障，减少因汽车故障而造成的汽车停歇，从而提高汽车运输的产量和经济收入，同时减少因故障而需支付的大量汽车修理费用。

通过良好维护，可大大延长发动机和汽车的大修里程，甚至实现发动机和汽车的全寿命无大修，提高汽车投资效益。

通过良好维护，还可大大提高汽车行驶的安全性，减少或避免交通事故和因事故造成的人员伤亡和财产损失。

1. 汽车每日维护

汽车的每日维护是指驾驶员在每日出车前、行车中、收车后所进行的例行性维护作业，故也称为例行维护或日常维护。其主要作业内容有以下几方面。

(1) 出车前检查。在出车前，环视汽车，看看车有没有损坏的部位，车身有没有倾斜；检查有没有漏油、漏水等情况；检查后视镜的位置、大灯玻璃和挡风玻璃的清洁度；检查轮胎状况和轮胎气压情况；检查车门、发动机仓盖、行李仓盖和车门玻璃窗的状况。打开点火开关钥匙(不启动发动机)时，查看燃油表的指示，检查各报警灯和指示灯的点亮情况，启动发动机后查看各报警灯是否正常熄灭。

(2) 行驶中检查。行驶中应注意观察机油压力指示灯、水温报警灯、发电机充电指示灯、转向指示灯和液面高度指示灯是否报警。注意观察制动是否可靠，转向是否灵活，车辆在行驶过程中是否有跑偏及异响现象；注意观察大灯、转向信号灯及喇叭是否正常。

(3) 收车后检查。应保持整车外观清洁，附件齐全，应检查各连接件连接处的坚固情况，如有松动应紧固。车窗及天窗关闭，中控锁正常工作，防盗报警指示灯正常。

2. 汽车一级维护

一级维护一般是按汽车生产厂家规定的行驶里程进行的。一级维护由专业维修工负责执行。其作业中心内容除日常维护作业外，以清洁、润滑、紧固为主，并检查有关制动、操纵等安全部件。一级维护基本作业项目见表3-1。

表 3-1 一级维护基本作业内容

系统	序号	作业内容
发动机部分	1	检查润滑、冷却、排气系统及燃油系统是否渗漏或损坏
	2	更换发动机机油及机油滤清器滤芯
	3	检查冷却系液面高度及防冻能力,必要时添加冷却液或调整冷却液浓度
	4	清洗空气滤清器,必要时更换滤芯
	5	检查清洗火花塞,必要时更换火花塞
	6	检查 V 型传动带状况及张紧度,视情况调整张紧度或更换 V 型传动带
	7	检查调整点火正时,怠速转速及一氧化碳含量
底盘部分	1	检查离合器踏板行程
	2	检查变速箱是否渗漏或损坏
	3	检查等速万向节防尘套是否损坏
	4	检查转向横拉杆球头固定情况、间隙及防尘套是否损坏
	5	检查制动系统是否渗漏或损坏
	6	检查制动液液面高度,必要时添加制动液
	7	检查制动蹄摩擦衬片或衬块的厚度
	8	检查调整手制动装置
	9	检查轮胎气压、磨损及损坏情况
	10	检查车轮螺栓扭紧力矩
	11	检查轮胎花纹深度
车身部分	1	润滑发动机舱盖及行李厢盖铰链
	2	润滑车门铰链及车门限位拉条
	3	检查车身底板密封保护层有无损坏
电器系统	1	检查照明灯、警报灯、转向信号灯及喇叭的工作状况
	2	检查调整前大灯光束
	3	检查风挡玻璃刮水器及清洗装置,必要时添加风挡玻璃清洗液
	4	检查蓄电池液面高度,必要时添加蒸馏水
	5	检查空调系统是否泄漏
	6	检查清洗空调新鲜空气滤清器
路试	1	检测整车各部性能

3. 汽车二级维护

二级维护是在一级维护的基础上,以检查和调整为主,二级维护由专业维修工负责执行。二级维护也是按汽车生产厂家规定的行驶里程进行的,这个行驶里程大约是一级维护行驶里程的 2~3 倍。

在进行二级维护时，由专业维修工对汽车各系统进行较全面的检查及调整，并进行必要的附加修理作业，从而使汽车的主要机构都尽可能地维持在良好的技术状况，使汽车达到规定的安全性、动力性和经济性要求。其作业项目除了完成汽车一级维护的作业项目外，还要增加二级维护的项目。二级维护作业内容见表3-2。

表3-2 二级维护作业内容

系统	序号	作业内容
发动机	1	测量气缸压力，发现并消除发动机故障
	2	更换三滤（空气滤清器、燃油滤清器、机油滤清器）
	3	检查及调整气门间隙，检查及调整油路、电路
	4	检查冷却系及润滑系，排除四漏（漏气、漏电、漏油、漏水）
	5	检查及紧固发动机各部螺栓，检查及调整各皮带张紧度，润滑水泵轴承，调整机油压力
底盘部分	1	检查调整离合器，拆盖检查变速器各齿轮及换挡机构工作情况，添加或更换润滑油
	2	拆洗及润滑传动轴各万向节叉及轴承、里程表软轴
	3	执行半轴及万向节的定期换位
	4	拆检及调整转向横直拉杆球头，检查前束及前轮定位、最大转向角及转向盘松动量
	5	调整制动效能（包括驻车制动），检查制动管路，添加或更换制动液
	6	润滑底盘各润滑点，检查及紧固底盘各部的连接螺栓
	7	排除四漏（漏气、漏油、漏水、漏电）
	8	检查胎面，拆检及润滑或修补内胎，充气后检查轮胎气压；执行轮胎换位
电器系统	1	检查蓄电池电压及电解液密度，进行常规性充电
	2	拆检发电机及起动机，清理电刷，检查调整起动机开关
	3	检查灯光及仪表，清理线路，检修喇叭、转向灯及制动灯
	4	检查电动车窗、中控门锁
车身部分	1	检查车架及横梁有无裂损变形，铆钉有无松动
	2	检查钣金表面有无裂损变形，必要时敲补修整
	3	漆工在破损部位局部补漆

4. 汽车的季节性维护

在入冬或入夏时，为使汽车适应季节的变化而实行的维护称为季节性维护（可结合汽车二级维护作业完成），其主要作业内容是按季更换润滑油，并调整油路、电路和检查维护冷却系统等。

5. 汽车的走合期维护

走合期是指对新车或大修后汽车最先行驶的一段里程，在这段里程行驶过程中，应严

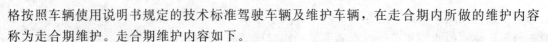

格按照车辆使用说明书规定的技术标准驾驶车辆及维护车辆,在走合期内所做的维护内容称为走合期维护。走合期维护内容如下。

(1) 走合期实施的维护,要求驾驶员特别注意做好每日维护。

(2) 走合期还要执行减载减速,并经常检查和紧固外露的螺栓螺母,注意各总成在运行时的声响和温度变化,及时进行调整。

(3) 在走合期满后,由专业维修工负责进行走合期维护,作业内容在一级维护基础上,还要进行拆除限速器(或限速片)、重新调整油路和电路、检查异响异热等内容。

6. 环保检查/维护

环保检查/维护(Inspection/Maintece,I/M)制度,是为防止汽车尾气排放超标而针对在用车辆采取的强制维护措施。环保检查也就是尾气检查,现阶段我国是采取强制执行,每年检查一次,所有车辆需要到汽车检测站进行环保检查,环保检查合格的车辆发放环保合格证,可以上路行驶。不合格的车辆需要到汽车维修企业针对环保检查进行维护,主要是对进排气系统、点火系统、燃油品质等影响汽车尾气排放的系统进行维护,然后再到汽车检测站进行环保检查,直到合格为止。

目前,我国各地执行的汽车尾气排放标准不一致,如北京地区规定汽车尾气的排放标准为国Ⅳ标准,而沈阳地区规定汽车尾气的排放标准为国Ⅲ标准。

3.1.3 汽车修理

所谓汽车修理,就是在车辆技术状况恶化后,为恢复汽车完好技术状况(或工作能力)和使用寿命而进行的技术作业。

由于在汽车使用过程中其技术状况的恶化是不可逆转的,因此当汽车技术状况恶化到完全丧失工作能力而不能再继续使用时,就需要对汽车进行修理。

在汽车修理时,要坚持视情况修理,根据车辆的实际车况和检测诊断结果,视情况对某些易损总成按不同作业范围和作业深度进行恢复性修理,从而恢复汽车的完好技术状况及整车使用寿命。

1. 汽车修理的分类

按汽车修理的对象和作业深度划分,汽车修理可分为:车辆大修、总成大修、车辆小修和零件修理。

2. 汽车修理的作业范围

(1) 车辆大修(即汽车翻新)。车辆大修是指汽车在行驶一定的里程后,由于车辆机件已经严重磨损或损伤,车辆技术状况已经全面恶化,经过检测诊断和技术鉴定,通过修理或更换零件的方法,全面恢复汽车的完好技术状况和使用寿命的恢复性修理和翻新。

车辆大修时需要对整车进行解体,对全车各总成的所有零部件(包括基础件)进行分类检验(分为可用、可修、可换三类),清洁可用零件、修理可修零件、更换可换零件,然后由零件总装为总成、由总成总装为汽车,以完全恢复或接近汽车的完好技术状况。

(2) 总成大修(即总成翻新)。总成大修是指汽车的总成在汽车行驶一定的里程后,由于该总成的基础件和主要零部件已经严重磨损或损伤,经过技术鉴定,用修理或更换总成零件的方法,恢复总成技术状况和使用寿命的恢复性修理和翻新。

汽车的主要总成主要包括发动机、变速器、离合器、车架、车身、后桥、前桥等。总成大修时需要对总成进行解体，对总成所有零部件进行分类检验（分为可用、可修、可换三类），然后清洁可用零件、修理可修零件、更换可换零件，然后再总装为总成。

（3）车辆小修。车辆小修主要是消除汽车在正常运行过程中发现的故障或隐患，用修理或更换个别零件的方法，保证或恢复汽车工作能力的运行性修理。

（4）零件修理。零件修理是对因磨损、变形、损伤等而不能继续使用的零件进行修理，也是保证或恢复汽车工作能力的运行性修理。

车辆小修和零件修理都属于汽车运行性修理，为此应遵循技术上可行、经济上合理的原则，尽可能地修旧利废，以节约原材料、降低维修费用。除特殊情况外，车辆小修或零件修理作业都应结合到各级维护作业中完成，凡结合到各级维护作业所做的车辆小修或零件修理都称为汽车各级维护的附加修理作业。

3. 汽车维修企业分类

不同类别的汽车维修企业其经营范围是有严格划分的，汽车维修企业的类别划分是按照其修理作业范围划分的。

（1）一类汽车维修企业。指从事车辆大修和总成大修的汽车修理企业。一类汽车维修企业也可以从事汽车维护、车辆小修和汽车专项修理。

（2）二类汽车维修企业。指从事汽车一级维护、二级维护和车辆小修的汽车维修企业。这类企业经营范围以汽车维护为主，不准许进行总成大修及车辆大修等业务。

（3）三类汽车维修企业。指专门从事专项修理的汽车维修企业。专项修理内容如汽车音响修理、汽车轮胎修理、汽车空调修理及汽车装饰等。

4. 汽车维修企业的开业条件

汽车维修企业在开业前，要向汽车维修行业主管部门申请"营业许可"。主管部门根据企业的生产条件确定企业的类别，在营业许可中注明企业是哪一类企业，并注明企业的经营范围。不同类别的汽车维修企业开业条件见附录1。

3.2 汽车维修企业的生产管理

汽车维修企业的生产管理包括车间生产计划、生产进度控制、生产资料管理、安全生产等内容。汽车维修企业车间生产管理由生产调度及车间经理负责。

3.2.1 生产调度

1. 对生产调度的基本要求

生产调度在组织维修生产过程中要做到以下几点。

（1）确保维修工作过程的连续性。保证汽车维修过程的连续性，可使汽车维修工作在各个工序之间紧密衔接，确保维修工艺流程有效进行，提高汽车维修的生产效率。为此，在安排维修任务时应充分考虑汽车维修的工艺特点、维修技术、材料供应等因素。

（2）确保维修生产过程的协调性。在安排维修任务时，在维修生产能力（如技术水平、小组人数、诊断仪器、车型及材料供应等）方面要始终保持各工序、各工种之间的比例协调，消除生产薄弱环节，工艺流程方面不能出现瓶颈，从而使维修生产有序进行。

（3）确保维修生产过程的均衡性。在派工时，要保证承修小组的技术水平与所承担的维修任务相适应，要确保各维修小组的工作量基本平衡，以避免忙闲不均。

2. 生产调度的具体职责

生产调度的基本职责为安排车间维修计划、派工、指挥生产活动及协调各小组、各部门的工作衔接。

（1）服务顾问将工单交给生产调度，由生产调度具体安排车间维修计划。

（2）生产调度在工单上写明维修小组以及应完成工单的时间等内容后，将工单交给车间维修小组，安排工单的过程就是派工。维修小组对工单上的维修项目、故障原因等内容不清楚时，由服务顾问或生产调度负责向维修小组具体说明情况。

（3）生产调度负责统一指挥生产车间所有的生产活动，监督工单的进度及项目内容，协调各维修小组、工位、维修车间的关系。

（4）生产调度负责组织召开生产调度会，每天开一次调度会。在生产调度会上主要解决前一天在执行生产计划过程中所出现的问题（如设备仪器问题、零件材料问题、工艺问题或技术能力问题等），逐项检查工单的执行情况，控制工单的执行进度，布置当天工作应注意的事项，做好各方面工作的协调准备工作。

（5）由技术总监协同生产调度对前一天的典型故障案例进行案例分析，由主承修技师进行主讲，全体维修人员讨论并进行故障剖析，最终达到共同积累经验、共同提高技能的目的。

现阶段有些企业由于维修车间维修人员较多，车辆维修工作量很大，每天到车间维修的车辆可达100辆以上，这样由生产调度一人统一指挥车间生产有一定的难度，因此，向车间派工及维修进度的跟踪等由服务顾问（6～10人）来完成。将维修车间的维修人员分成几个维修小组（每组6～10人），然后，每个服务顾问对应一个维修小组，服务顾问所接待维修车辆只给其负责的小组派工，原则上只安排其所负责的维修小组生产。

3.2.2 维修车间生产计划及进度管理

维修车间生产计划由生产调度负责，服务顾问制作的所有工单都汇总到生产调度便形成了维修车间生产计划。所有工单都由生产调度派给各个维修小组或维修车间。

1. 维修车间生产计划及进度管理的理想状态

（1）每一时间段内所有工单都是按照最佳顺序来执行。

（2）每个工单上的所有工作项目都是按照最佳顺序来执行。

（3）所有维修人员所承接的维修任务都与其技能、工种和工位处于最佳分配状态。

2. 维修车间生产计划及进度的管理方法

在维修车间生产计划执行过程中，为随时掌握工单状态及工单进度，确保为客户提供准确的维修进度信息，除采用计算机系统对维修服务流程进行管理外，生产调度常利用维修车间计划板（看板）来管理车间生产计划的实施。计划板是制订计划及管理计划实施的主要辅助工具，计划板分为3个区域：姓名栏、时间栏、最终检查栏。计划板的结构如图3.2所示，工单文件夹如图3.3所示。

第3章 汽车维修企业的生产技术管理

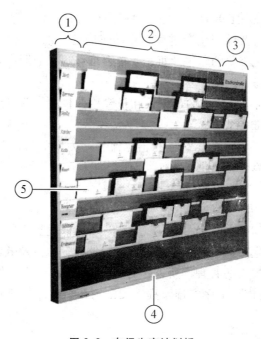

图 3.2 车间生产计划板

1—姓名栏；2—时间栏；3—最终检查栏；4—计划板；5—工单

图 3.3 工单文件夹

通过计划板的形式可得到维修车间的全部信息，包括每名员工、每个工单、仪器设备及工位的工作状态，以便进行新的派工及优化维修车间资源的利用率。

（1）姓名栏。列出所有车间员工或生产小组。可直观地反映出每个维修小组正在进行的所有维修任务及进度信息，为再派工提供依据。

（2）时间栏。按照每个工单的计划完工时间顺序排列车间内所有工单。可直观地分析当前的最大维修生产能力及维修生产进度，根据车间的现场情况及新任务单的维修任务，在许可的时间内不断修正工单的顺序及每个工单上维修项目的顺序，以便使车间维修计划及进度控制达到最佳状态。

（3）最终检查栏。所有已完成的工单放在最终检查栏内，等待终检验收。终检验收合格后，将工单转交前台准备结算。

计划板直观地反映了车间工作流程和信息流程，为内部（汽车维修服务中心）和外部（客户）获取最新车间维修信息提供了方便。

3.2.3 生产资料管理

为了保证生产进度和生产节奏，应尽量减少汽车维修过程中的"待工待料"时间，应做好生产资料的管理。生产资料的管理包括汽车配件、标准件及低值易耗品的管理、工具及仪器设备的管理及外加工的管理。所谓"待料"，是指由于零件短缺的原因而造成的停工；所谓"待工"，是指由于工序安排流程上无法衔接、外加工或其他人为原因而造成的停工。

3.2.4 生产安全管理

所谓安全生产，就是要防止在日常的生产劳动中出现事故，以保护职工的人身安全，保证仪器、设备及其他财产免受损失，保证企业生产过程的正常进行。

1. 安全教育与安全生产责任制

（1）开展安全教育。为了保证安全生产，必须开展安全教育，包括安全思想教育与安全技术教育，以教育职工遵章守纪、安全文明生产。安全生产是汽车维修企业中每个职工的职业责任和职业道德，而遵章守纪应作为汽车维修企业中每个职工的职业纪律。

（2）建立安全生产责任制。在汽车维修企业的各级生产管理中，必须强调生产安全措施的检查和落实。各维修小组的小组长应负责本班组的安全生产；各生产岗位的安全责任应该由该岗位的责任人（如主修工或主操作人）负责；企业的生产安全工作应由主管生产的各级生产行政负责人负责，即生产责任人同时也为安全责任人。

（3）严格遵守安全技术操作规程。汽车维修企业要制订和实施各工种、各工序、各机具设备的安全技术操作规程。维修车间各工种的操作规程见附录2。

2. 加强生产现场管理

（1）机器设备一律加装安全防护装置。

（2）维修人员在维修过程中，维修工具、零件及更换下来的旧件要按标准摆放。

（3）不得随意动用承修车辆或擅自将客户车辆开出厂外。

（4）严格遵守安全技术操作规程，严禁野蛮违章操作。

（5）加强低值易耗品、辅料的管理。

（6）上班时间必须佩带工作证、穿戴劳保用品，并严禁吸烟。

（7）维修人员必须遵守公司作息制度和劳动纪律，遵守岗位责任制，上班时间不得擅离岗位或串岗会客。

(8) 在汽车维修竣工后,各维修工位应及时清理和清扫油污杂物,并按指定位置整齐堆放,以保持现场整洁,然后将设备恢复原状、关闭电源等。

3. 车辆管理

生产车间内只能停放在修车辆,且在修车辆的钥匙统一由生产调度人员保管。待修车辆及竣工车辆须移出生产车间放到指定地点。对停车场的基本要求如下:

(1) 停车场地坚实平整,停车场内应有照明,应有停车标线。
(2) 竣工车辆、待修车辆及外办公车辆应分别摆放,分成3个停车区。
(3) 凡装有易燃易爆物品的车辆应单独停放并应有专人看管。
(4) 停车场内车速不得高于5km/小时,场内不准试车。
(5) 汽车维修厂的厂门口应建立门卫值班制度。门卫应对场内停放车辆负有安全保管的职责。出厂车辆须凭出门证才准放行。

3.2.5 劳动保护与安全

1. 防护鞋

在维修车间范围内工作的每位员工都应穿上防护鞋。这些防护鞋配有脚趾保护罩,有些工作鞋还带有防汽油和机油的鞋底,这种鞋底可以降低滑倒的危险。

2. 呼吸保护装置

进行喷漆工作时需进行相应的呼吸系统保护。呼吸保护装置对长时间喷漆工作来说是比较理想的选择。

3. 工作服

所有员工都需穿专用的工作服,开始工作前摘下戒指、手表、首饰,以防其卷入转动的部件内。

根据工作类型配备相应的工作服。从事喷漆工作时可使用带有一体式头罩的防护服或化学物品防护服。从事焊接工作使用特制防护服或皮制围裙进行保护,这种防护服对金属碎屑飞溅物和火焰的防护十分有效,还可对电弧焊时产生的紫外线进行防护。

4. 防护眼镜

在进行气焊和气割操作时也必须戴上防护眼镜。进行电弧焊接操作时需使用带有相应视窗的防护面罩。

5. 安全措施

(1) 车间运输通道。运输通道地面必须保持洁净。洒落在运输通道地面上的各种油水必须立即清除。运输路线和逃生通道必须保持顺畅。
(2) 切削加工。使用切削加工设备(例如台式钻床和车床)时不得戴防护手套。使用这些机器时旋转部件可能卷住手套。
(3) 车身磨削和使用电动剪板机。车身磨削和使用电动剪板机时常常产生较大的噪声,必须佩戴听觉防护装置。同时,进行磨削工作时磨工和在其周围工作的员工都必须对眼睛进行保护。

（4）加装护栏与盖板。对于制动试验台、螺杆、转轴和运动时彼此啮合的部件等危险区域必须进行遮挡，加装护栏与盖板，贴上明显的警示标志。

（5）危险物品。装有危险物品的容器必须贴上相应的警示标志(汽油、酸液)。

（6）举升器。通过举升器进行举升车辆时，严格使用车辆支撑点支撑车辆。否则由于拆卸发动机或后桥而造成车辆重心移动时车辆易发生滑落的危险，如图3.4所示。

前轮：
举升器下臂垂直托盘对向箭头所示圆圈位置，托盘中心与车身上的标识点成一直线。

(a) 前轮

后轮：
举升器下臂垂直托盘对向箭头所示圆圈位置，托盘中心与车身上的标识点成一直线。

(b) 后轮

图3.3　车辆支撑点示意图

（7）蓄电池充电室。蓄电池充电室和正在充电的蓄电池周围禁止出现明火。其原因是蓄电池充电时释放出氢气，氢气与空气中的氧气混合后产生氢氧混合气体，一旦接触到火花就可能发生爆炸。为防止蓄电池充电室内形成这种混合气体，必须保持通风，不允许挡住这些通风口。蓄电池与充电器连接时，不要连接蓄电池的接线柱。连接或断开蓄电池接线之前，必须通过主开关关闭充电器。

（8）车间要强制通风。车辆废气中含有无色无味的危害性有毒气体——一氧化碳(CO)，因此必须将车间在修车辆排出的废气排出到室外，维修车间内必须使用排风装置。

（9）制动系统和离合器维护。进行制动系统和离合器方面的工作时不允许用压缩空气"吹扫"制动系统，这样会造成大量有害微尘(石棉是一种可能致癌的危险物品)进入空气中，也会危害在附近工作的同事，在此应使用制动清洁器。

（10）焊接和切割工作。焊接和切割工作只能在通风良好的室内或室外进行。焊接时产生的蒸汽和烟雾会影响焊接工呼吸的空气，进行焊接工作时必须确保通风良好或使用排风装置。在车辆上焊接时应注意以下安全规定。

① 清除火花飞溅范围内的易燃物品。

② 待焊接的部件及其周围不得有易燃物和清洁剂残留物。

③ 遮盖燃油箱时避免燃油蒸汽从车辆中溢出。

④ 柔性塑料管路应套上防火罩。

3.2.6 生产劳动管理

1. 汽车修理的工艺方法

汽车修理的工艺方法是按汽车修理以后对汽车属性保持程度来区分的，汽车修理的工艺方法包括就车修理法、总成互换修理法两种。

（1）就车修理法。就车修理法是指在汽车修理过程中，所有的零部件和总成除无法修复而必须更换的外，其余一律在修复后装回原车，不能互换。在采用就车修理法时，由于各零部件损伤程度及修复工艺不尽相同，各总成修理周期也不一样，因此可能会影响到汽车修理过程的连续性（只有等修理周期最长的总成修竣后才能进行最后总装），从而使就车修理法的修理作业周期较长。

（2）总成互换修理法。总成互换修理法是指在汽车修理过程中，除车架与车身等重要基础件仍采用就车修理法外，其他待修总成均由综合性拆装班组负责拆除，并立即换装从旧件总成库内领出的已经预先修好的旧总成，然后进行汽车总装配。从原车拆下的总成或零件均由综合性拆装班组送往各专业修理班组去修复，修复后的总成则一律存入旧件库。由于这种作业方式的专业化分工划分得很细，故专业化程度很高。

2. 汽车修理的作业方式

汽车修理的作业方式是按汽车和总成在修理过程中的相对位置来区分的，汽车修理的作业方式包括定位作业法和流水作业法两种。

（1）定位作业法。定位作业法是指在固定工位上进行修理作业的方法。汽车大修如采用定位作业法时，将汽车的拆解和总装固定在一个工作位置（即车架不移动）来完成，而拆解后总成和零件修理作业仍分散到专门工间或专用设备上进行。这种作业方式的优点是占地面积小，拆装作业不受流水线生产那种连续性的限制，生产调度与调整比较方便。其缺点是总成和零件需要来回搬运，工人劳动强度大。因此，该法适用于生产规模不大或承修车型较复杂的汽车维修企业。

（2）流水作业法。流水作业法是指汽车拆解与总装作业在流水线上完成，在流水线上各个专业工位上进行总成和零件的修理。采用流水作业法的优点是专业化程度高，分工细致，修理质量高；缺点是占地面积大，设备投资大。因为，该法适用于生产规模较大、修理车型单一的汽车维修企业。

3. 汽车修理的劳动组织形式

汽车修理的劳动组织形式是按劳动者在汽车修理过程中的组织形式来区分的，汽车修理的劳动组织形式包括综合作业法和专业分工作业法两种。

（1）综合作业法。综合作业法是指除了车辆的车身与车架的维修作业（如钣金和油漆、锻焊、轮胎等）由专业工种完成外，其余机电修理作业（如发动机、底盘、电器的维修作业）均由一个维修小组完成。这种劳动组合的优点是占地面积较小，所需设备简单，且机动灵活、生产调度与企业管理简单，但对维修技工的技术水平要求较高。

（2）专业分工作业法。专业分工作业法是指由分工明确的若干维修小组，同时对某一车辆进行修理的方法。汽车修理作业分工可按工种和工位划分，例如：按工种可分为机修工、电工、漆工、钣金工、装饰工等，按工位可分为发动机维修、底盘维修、电器维修、轮胎维修等。

工位和工种分得越细，越适合组织流水作业。采用这种专业分工的劳动组合，易于提高工人的技术水平和工具的利用率，提高工作效率和工作质量。但需要加强生产管理，确保各项工作有条不紊，这样才能按时按要求完成维修任务。

3.2.7 汽车维修工艺管理

所谓汽车维修工艺，是指在一定的人员技术和维修装备的条件下，汽车维修过程中所必须遵守的技术标准及操作规范。

从车辆维修技术标准来分，汽车维修工艺包括汽车维护工艺、汽车修理工艺、汽车故障诊断工艺、整车及汽车总成的拆装工艺。汽车维修工艺管理的目的是用最低的消耗，尽可能得到最佳的维修质量。汽车维修工艺的管理包括汽车维修工艺的制定及汽车维修工艺的组织等内容。

1. 汽车维护工艺

汽车维护工艺的管理内容包括汽车维护作业、汽车维护工艺过程（如汽车进厂检验、汽车维护及附加修理、汽车维护竣工出厂检验）、汽车维护规程、汽车维护规范等内容的制定及实施。

2. 汽车修理工艺

汽车修理工艺的管理内容包括汽车修理作业、汽车修理工艺装备、汽车修理工艺过程（如汽车进厂检验、零件分类检验、汽车修理过程及自检互检、总成磨合及验收、汽车总装及调试、汽车修理竣工出厂检验）、汽车修理工艺规程、汽车修理工艺规范、汽车修理技术标准等内容的制定及实施。

3. 汽车故障诊断工艺

汽车故障诊断工艺的管理内容包括故障诊断规程、故障诊断规范（故障现象、故障原因及故障部位、故障诊断、故障排除）、故障诊断仪器、故障诊断评判标准等内容的制定及实施。

4. 汽车总成的拆装工艺

汽车总成的拆装工艺的管理内容是根据汽车制造厂原定的拆解及装配要求（如各部螺栓松紧度要求等），制定汽车修理企业的最佳装配工艺方案，以保证汽车或总成的维修质量，并尽可能提高生产效率和减低生产成本。

3.3 汽车维修技术管理

汽车维修企业是一个多工种、多环节构成的服务性工业企业。在实际汽车维修过程中，由于维修车型和维修技术复杂，而且各工种、各环节有着各自不同的操作规程、工艺规范和技术标准，各工种、各环节在生产过程中又彼此交叉，每一工种或每一环节的工作质量都可能影响到汽车维修的整体产品质量，因此汽车维修技术管理日益重要。

3.3.1 技术管理的基本任务

汽车维修企业技术管理的基本任务是：采用先进合理的汽车维修技术工艺，并选用生产上适用、技术上先进的汽车维修设备及汽车检测诊断设备，确保维修质量与维修效率，降低维修消耗和环境污染，实现汽车维修企业的经济效益与社会效益。

（1）建立健全生产技术管理过程中的各种技术文件。如各类汽车保养工艺及验收标准、汽车修理工艺及验收标准、各种设备的安全技术操作规程及各项技术经济定额等。

（2）建立健全技术管理制度及技术责任制度。如维修服务流程、车辆维护制度、车辆修理制度、机具设备管理制度、材料配件管理制度、质量保证体系、质量检验制度、技术培训制度及工时定额管理制度等。

（3）坚持技术为生产服务的原则。就是要以提高汽车维修质量为中心，为维修生产现场提供技术支持。对车间维修过程中的疑难问题要亲自参与，并制定最终方案，直到问题解决。

（4）搞好汽车维修的机具设备管理。配合企业的实际生产过程，对本企业所有的运输车辆及汽车维修机具设备进行全过程的综合性管理。

（5）搞好技术培训。做好职工的技术培训，并改进维修技术和维修工艺，提高车辆维修质量。

3.3.2 汽车维护技术管理

汽车维护技术管理的主要内容就是确定每级维护的作业内容及检验标准，确定汽车每级维护作业的周期。汽车维护的作业内容、检验标准与维护周期的确定，一般由汽车生产厂家统一规定，当客户购买汽车以后，由售后服务人员定期提醒用户到4S店做保养。现阶段，我国的汽车产品质量保修期时间为2年(或6万公里，以先到为准)，在这个期间出现的非正常故障，4S店将代表厂方为客户提供免费维修服务，但前提是客户在此期间一定要按照厂方要求在4S店做定期保养，否则在保修期内汽车出现质量问题厂方将不予免费赔偿。

目前，我国汽车维修行业的指导原则是"预防为主、定期检测、强制维护、视情修理"。在这一原则指导下，为了确保交通安全，防止营运车辆为了追求经济效益而忽视汽车的技术状况，各省级交通行政主管部门对营运车辆进行强制维护。如辽宁省道路运输管理部门规定，从事营业运输的车辆每个季度(3个月)必须到指定的汽车维修企业做一次二级维护，然后领取"二级维护合格证"，这样方可上路营运。

汽车维护周期的长短虽然各车型产品要求不一，但从作业的深度来看，基本上都分为两级维护。现以上海大众帕萨特轿车为例说明汽车维护的内容及验收标准。

1. 上海大众帕萨特轿车 2.0/1.8T/2.8V6 车型走合期保养内容及要求

新车的发动机、传动系统、减震器以及刹车系统等均需要走合，走合期里程按车辆使用说明书中规定的执行，如上海大众帕萨特轿车 2.0/1.8T/2.8V6 车型走合期为3000公里。在走合期内，驾驶员需按走合要求驾驶车辆。走合期具体维护内容如下。

（1）避免满载或超载。因为满载和超载都会加重走合部位的负担，造成走合不良，甚至磨损加大，故新车走合期承载不应超过3个人。

（2）发动机转速不能超过最大转速的2/3。

(3) 适度预热。在水温达到正常工作温度后(90℃),再逐步提高发动机转速。

(4) 在最初前 100 公里,轮胎尚未达到最佳附着力;在最初前 200 公里,磨擦制动片尚未达到 100%的制动效果。因此在走合期的前 200 公里内,刹车要有提前量,踩刹车时要多用些力。

(5) 避免不必要的急加速和急刹车,以减轻走合部位的负担。

(6) 3000 公里之后不做严格要求,根据具体的使用情况,要在 5000～7500 公里做首次保养。

2. 上海大众帕萨特轿车的维护(保养)内容及作业周期

上海大众帕萨特轿车 2.0/1.8T/2.8V6 车型保养内容及作业周期见表 3-3。鉴于我国道路交通状况、燃油及润滑油质量,上海大众公司针对帕萨特轿车保养内容及作业周期做如下特殊说明。

表 3-3 上海大众帕萨特轿车 2.0/1.8T/2.8V6 车型保养内容及作业周期

保养类型			序号	保养内容
15000公里之后的每10000公里常规保养	15000公里常规保养	7500公里首次保养	1	车身内外照明电器,用电设备检查 (1) 组合仪表指示灯,阅读灯,化妆镜灯,时钟,手套箱照明灯,点烟器,喇叭,电动摇窗机,电动外后视镜,暖风空调系统,收音机 (2) 近光灯、远光灯、前雾灯、转向灯、警示灯 (3) 驻车灯、后雾灯、制动灯、倒车灯、车牌灯、行李厢照明灯 必要时调整前大灯清洗装置(如有该功能)
			2	自诊断:用专用诊断设备 VAS 505X 读取各系统控制器内的故障存储信息
			3	安全气囊和安全带:目测外表是否受损,并检查安全带功能
			4	多功能方向盘:检查各按键的功能
			5	手制动器:检查,必要时调整
			6	前风窗玻璃落水槽排水孔:清洁
			7	雨刮器/清洗装置:检查雨刮片,必要时更换;检查清洗装置功能,必要时调整并加注清洗液
			8	发动机舱:目测各零件是否有损坏或泄漏
			9	发动机机油及机油滤清器:更换(行驶里程较少的车辆建议每 6 个月更换)
			10	冷却系统:检查冷却液冰点数值,检查系统是否泄漏,必要时补充原装冷却液。(标准值:-35℃,极寒地区低于-35℃。请使用折射计 T10007 检测冷却液冰点数值)
			11	空气滤清器:清洁罩壳和滤芯
			12	蓄电池:观察蓄电池上电眼,必要时使用 MCR 341V 检测蓄电池状况,检查正负极连接状态
			13	前大灯:检查灯光,必要时调整
			14	助力转向系统:检查是否泄漏,检查转向液液面,必要时加注
			15	转向横拉杆:检查间隙,连接是否牢固

续表

保养类型		序号	保养内容
15000公里之后的每10000公里 常规保养	15000公里 常规保养	7500公里 首次保养	16	车身底部：检查燃油管、制动液管及底部保护层是否损坏，排气管是否泄漏，固定是否牢靠
			17	底盘螺栓：按规定扭矩检查并紧固
			18	制动系统：检查制动液管路是否泄漏，检查制动液液面，必要时补充
			19	轮胎/轮毂(包括备胎)：检查轮胎磨损情况，必要时进行轮胎换位，同时校正轮胎气压
			20	车轮固定螺栓：按规定扭矩检查并紧固
			21	试车：性能检查
		22	保养周期显示器：复位
		23	空调系统冷凝排水：检查，必要时清洁
		24	灰尘及花粉过滤器：更换滤芯
		25	空气滤清器：清洁罩壳，更换滤芯
		26	活动天窗：检查功能，清洁导轨，涂敷专用油脂
		27	车门限位器，固定销，门锁，发动机盖/行李厢盖铰链和锁扣：检查功能并润滑
		28	散热电子风扇线束连接插座：检查
		29	手动变速箱/自动变速箱/传动轴护套：目测有无渗漏或损坏
其他保养项目		30	发动机燃烧室和进气道：用内窥镜检查积碳情况(首次25000公里，之后每30000公里)，必要时请使用上海大众专用汽油清净剂
		31	火花塞：更换(首次25000公里，之后每30000公里)
		32	楔形皮带：检查(首次25000公里，之后每30000公里)，必要时更换；更换(首次115000公里，之后每120000公里)
		33	凸轮轴齿形皮带：检查(首次55000公里，之后每30000公里)，必要时更换；更换(首次115000公里，之后每120000公里)
		34	齿形皮带张紧轮：检查(首次55000公里，之后每30000公里)，必要时更换；更换(首次115000公里，之后每120000公里)
		35	活动天窗排水功能：检查(首次25000公里，之后每30000公里)
		36	制动盘及制动摩擦片：检查厚度及磨损情况(首次25000公里，之后每30000公里)，必要时更换
		37	手动变速箱：检查变速箱齿轮油液位(首次55000公里，之后每60000公里)，必要时补充或更换
		38	自动变速箱：检查变速箱ATF油液位(首次55000公里，之后每60000公里)，必要时补充或更换
		39	燃油滤清器：更换(首次55000公里，之后每60000公里)
		40	尾气排放：检测(首次25000公里，之后每30000公里)
特殊项目		41	制动液：更换(每24个月或每50000公里，以先到者为准)

（1）本表的保养内容适用于上海大众生产的帕萨特 2.0/1.8T/2.8V6 车型。保养项目需根据车型的不同配置进行选择。

（2）本表的保养内容和周期是根据汽车在正常行驶情况下制定的。对于使用条件比较恶劣的车辆，特别是经常停车起动以及常在低温情况下使用的车辆，应经常检查机油液面，每 5000 公里更换机油和机油滤清器。

（3）在灰尘较大环境里行驶的车辆，应缩短空气滤清器滤芯和空调系统花粉过滤器的保养间隔，每 5000 公里更换。

注：花粉过滤器滤芯脏污将影响空调制冷效果，空气滤清器滤芯脏污可能导致涡轮增压器损坏，请注意检查并及时更换。

（4）本表内容将根据车辆技术状态变化进行调整，请以最新版本为准。

3. 上海大众帕萨特轿车的维护（保养）内容的作业要求

上海大众帕萨特轿车 2.0/1.8T/2.8V6 车型首次 7500 公里保养作业项目和作业要求见表 3-4。

上海大众帕萨特轿车 2.0/1.8T/2.8V6 车型 15000 公里保养作业项目和作业要求见表 3-5。

表 3-4　上海大众帕萨特轿车 2.0/1.8T/2.8V6 车型首次 7500 公里保养作业项目和作业要求

序号	维护部件	作业项目	作业要求
1	灯光、转向和报警信号	功能检查	部件齐全、完好、工作正常
2	车内灯、报警灯、喇叭	功能检查	部件齐全、完好、工作正常，喇叭音质音量良好
3	安全气囊	目测外部	外部无损伤
4	雨刮及清洗系统，大灯清洗系统	检查功能调整喷嘴	刮水器停止位置要正确，必要时调整角度，清洗液不够时要添加
5	车门限位器固定锁	润滑	用油脂润滑车门限位器固定锁
6	动力转向系统	检查添加液压油	检查液压油液位，必要时添加，检查液压油有无泄漏
7	冷却系统	检查液面	必要时添加防冻液
8	车轮（含备胎）	检查钢圈及轮胎磨损	检查钢圈有无损伤和撞击，检查轮胎花纹磨损有无不正常（单边磨损）
9	轮胎气压	检查轮胎气压	前轮 2.1bar，后轮 1.9bar
10	发动机	目测检查有无泄漏或损坏	各接合平面衬垫完好，连接紧固，管路接头可靠，线路无破损，各部无泄漏
11	变速箱、传动轴	目测检查	变速箱、传动轴目测无渗漏、无损伤，各防尘罩无损伤，卡箍安装可靠
12	制动系统	目测检查有无泄漏或损坏	制动油管安装牢固无损伤，油管接头无泄漏且连接牢固

续表

序号	维护部件	作业项目	作业要求
13	前后制动片	检查厚度和差异	前制动片厚度大于7mm(含底板) 后制动片厚度大于7mm(含底板)
14	稳定杆	检查间隙和稳定性	杆件连接可靠、无松旷、无变形和损伤
15	万向节	目测万向节套有无泄漏和损坏	万向节防尘套无破损、卡箍安装正确
16	排气系统	目测检查有无泄漏,检查固定情况	排气管、消声器连接紧固,接头无泄漏
17	车底防护	目测有无损坏	车底防护板完好,固定牢固
18	发动机机油	更换机油	润滑油规格API SJ级以上,润滑油量至规定刻线
19	机油滤清器	更换机油滤清器	机油滤清器更换时接触表面涂机油
20	自诊断	VAG1552查询、清除故障码	先查询故障码,排除故障,清除故障码,无故障显示

表3-5 上海大众帕萨特轿车2.0/1.8T/2.8V6车型15000公里保养作业项目和作业要求

序号	维护部件	作业项目	作业要求
1	雨刮器片	检查停止位置,运动时有无抖动	雨刮器停止时雨刮应回原来位置,雨刮片抖动应调整角度
2	保养周期显示	复位	保养周期显示复位
3	风窗清洗/刮水系统	添加清洗液	清洗液罐内加满清洗液
4	空气滤清器滤芯	更换滤芯	清洁外表、更换滤清器滤芯
5	火花塞	检查间隙	检查清洁火花塞间隙0.7~0.9mm,每30000公里保养时更换
6	动力转向系统	检查液压油	检查加注液压油
7	凸轮轴齿形皮带	检查调整	每120000公里保养时更换
8	锲形皮带	检查调整	每120000公里保养时更换
9	变速箱油	检查液面	60000公里保养检查、加注
10	前后制动片	检查厚度	摩擦片厚度大于7mm(含底板)
11	发动机	从下部检查发动机	目测有无泄漏和损坏
12	制动液面	根据制动片磨损程度检查	检查制动液液面的位置
13	制动液	更换	每两年更换制动液
14	轮胎	检查	检查状况及磨损花纹,轮胎压力检查,前轮2.1bar,后轮1.9bar
15	路试	路试	发动机加速性能、制动性能、整车性能试验

4. 上海大众帕萨特轿车首次 7500 公里保养检验标准

上海大众帕萨特轿车 2.0/1.8T/2.8V6 车型各项保养作业内容的检验标准如下。

（1）发动机机油、燃油无渗漏，机油压力指示灯工作正常，机油尺油位高度符合标准。

（2）蓄电池液面处于正常位置。

（3）发动机运转时，冷却液无渗漏，防冻液液面高度在刻线范围内。

（4）发动机盖锁、后盖锁、车门铰链、限位器和定位锁工作顺畅，锁合可靠。

（5）发动机各结合平面衬垫完好、线路无破损，管路接头牢靠无漏气、漏电。

（6）制动液面处于正常位置，前制动片厚度大于 7mm（含底板）；后制动片厚度大于 2.5mm（仅摩擦片）。

（7）变速箱、液压离合器系统、万向传动轴防尘套，无泄漏和损伤。

（8）转向横拉杆球头无间隙，液压助力转向装置无泄漏。

（9）发动机悬架及后桥紧固螺栓（螺母）扭矩符合规定要求。

（10）用 VAG1551 测试电控系统无故障码。

（11）点火正时 12.0°。

（12）怠速转速正常：怠速 820～900rpm。

（13）尾气排放符合要求：CO＜1.5％。HC＜400ppm。

（14）前桥前束在 0～1.6mm（或侧滑量＜5m/km），轮胎气压 1.9～2.1bar。

5. 上海大众帕萨特轿车 15000 公里保养项目检验标准

上海大众帕萨特轿车 2.0/1.8T/2.8V6 车型 15000 公里各项保养作业内容的检验标准如下。

（1）离合器踏板上下活动无卡滞现象，踏板自由行程 15～20mm。

（2）手制动间隙为二齿，拉紧手制动时后二轮制动力符合要求。

（3）轮胎花纹深度大于 1.6mm，无单边磨损或其他不均匀磨损。

（4）前轮轴承无松旷、无异响。

（5）后轮轴承间隙符合维修手册技术规范，并无异响。

（6）前左右转向摇臂螺栓扭矩符合规定，衬套无严重磨损、不松旷。

（7）轮胎螺栓扭矩 110N·M。

（8）转向摇臂球头无间隙。

（9）传动轴内外螺栓扭矩符合规定。

（10）变速杆防尘罩，转向器防尘罩无破损。

（11）液压转向器及助力泵无异响、无渗漏。

（12）前后避震不漏油性能良好，螺栓紧固。

（13）变速箱油液面符合规定，变速箱无渗漏。

（14）凸轮轴齿形皮带、转向助力泵皮带无老化龟裂，拉紧正常。

（15）刹车油管，燃油管固定牢靠，刹车软管无老化现象。

（16）火花塞间隙 0.7～0.9mm，绝缘无损坏。

（17）发动机皮带、空调皮带松紧度正常，无老化龟裂现象。

(18) 全车灯光、仪表灯、车内灯工作正常。
(19) 前大灯光束位置符合 GB 7258—1997 标准要求。
(20) 喇叭音质音量良好。
(21) 发电机工作正常，皮带盘不摇晃，无异响，输出电压为 13.5～14V。
(22) 雨刮器各挡位工作正常。
(23) 空调性能良好。
(24) 前后安全带工作性能良好。
(25) 消声器位置正常，行驶时不碰底板，吊耳齐全有效。
(26) 车门保险有效，按钮齐全。
(27) 车门拉手开启灵活。
(28) 门锁开启灵活，锁上有效。
(29) ABS 制动正常，ABS 灯行驶时应熄灭，VAG1552 检测无故障码。
(30) 前后制动性能符合 GB 7258—1997 要求。
(31) 引擎盖、后盖开启灵活，关闭有效。
(32) 发动机起动迅速，加速性能良好。

3.3.3 汽车修理的技术管理

由于现阶段汽车修理采用视情修理的原则，因此，汽车修理的内容及作业深度主要依据是对车辆的检测及诊断，根据检测与诊断的结果，结合车辆的行驶里程及工况来确定车辆的维修内容及作业深度。

汽车修理的技术管理的主要内容就是确定车辆各总成的大修条件、大修工艺及大修检验标准。不同车辆的各总成的大修条件、大修工艺及大修检验标准都不相同，在进行修理时，要结合车辆生产厂家提供的修理技术数据（如附录 4：上海大众帕萨特 B5 轿车检测维修技术参数），确定最终修理方案。

目前汽车维修行业中规定汽车大修的送修标志为：客车以车身（车厢）为主并结合发动机总成是否符合大修条件确定；货车以发动机总成为主并结合车架总成或其他两个总成是否符合大修条件确定；挂车以挂车车架（包括转盘）和货箱为主；牵引半挂车和铰接式客车应同时按牵引车与挂车是否符合大修条件确定。对于轿车来说，主要还是各总成的修理。

1. 各主要总成的大修标志

1) 发动机总成

发动机缸体破裂或气缸磨损超过使用极限（以其中磨损量最大的气缸为准）；或发动机最大功率和气缸压力较标准降低 25% 以上而燃料和润滑油消耗量显著增加，需要彻底修复的。

以上海大众轿车为例，发动机的大修条件如下。

(1) 气缸压力低于 $7kg/cm^2$，各缸压力差最大超过 $3kg/cm^2$。

(2) 燃料消耗和发动机润滑油消耗显著增加。

(3) 发动机活塞敲缸、曲轴和连杆轴承断油异响等其他异常现象。

2) 车架总成

车架断裂、锈蚀、弯曲、扭曲变形超限，大部分铆钉松动或铆钉孔磨损，必须拆卸其他总成后才能进行校正、修理或重铆方能修复的。

3) 变速器(分动器)总成

壳体变形、破裂、轴承承孔磨损超限,变速齿轮及轴恶性磨损、损坏,需要彻底修复的。

4) 后桥(驱动桥)总成

桥壳破裂、变形、半轴套管承孔磨损超限,减速器齿轮恶性磨损,需要校正或彻底修复的。

5) 前桥总成

前轴裂、变形、主销承孔磨损超限,需要校正或彻底修复的。

6) 客车车身总成

车厢骨架断裂、锈蚀、变形严重,蒙皮破损面积较大而需要彻底修复的。

7) 货车车身总成

驾驶室锈蚀、变形严重、破裂,或货箱纵横梁腐朽,底板、栏板破损面积较大而需要彻底修复的。

2. 各主要总成大修的检验标准

1) 发动机总成检验标准

发动机大修检验标准需根据具体车辆来确定,现以上海大众轿车发动机大修为例,其检验标准如下。

(1) 发动机不应有漏油、漏水、漏气、漏电现象。机油压力指示灯工作正常,机油油尺油位高度符合标准。

(2) 发动机装配必须符合原车要求,发动机外部附件齐全有效,各部螺栓、螺母应按原设计规定转矩拧紧。

(3) 蓄电池外表清洁,桩头无氧化物,电解液液面高度符合规定。

(4) 正常工作温度下,5s内能起动,在环境温度不低于−5℃时,起动顺利,其转速应符合原车规定(800±50r/min)。

(5) 发动机运转稳定后,不允许有异响,只允许气门挺杆有极轻微均匀响声。用VAG1552故障阅读仪清除电喷发动机储存的故障;在急速时,冷却温度不低于80℃、关闭空调和其他电器设备,读取(08−007)测量数据块,观察氧传感器电压变化值应在0.1~1.0V之间不断跳动。

(6) 发动机在各种转速下运转稳定,在正常情况下不得有过热现象,改变转速时应过渡圆滑,突然加速或减速不得有爆燃声或异常现象。

(7) 发动机在正常工作温度和原设计规定的转速,水温不小于60℃时,拆下火花塞、拔下点火线圈插头或各喷嘴插头,使节气门和阻风门在全开位置,经起动机带动发动机运转,用气缸压力表逐缸测其压缩压力,每缸测两次,取平均值。气缸压力及各缸压力差,应符合原设计规定(正常压力10~13bar)。

(8) 用VAG1342机油压力测试仪,测其机油压力值。机油压力应符合原设计要求,JV和AFE发动机:当机油温度为80℃,发动机转速为2150r/min时,油压必须大于1.8bar;急速时,机油警告灯须熄灭,油压大于0.3bar。AJR发动机:当机油温度为80℃,发动机转速为2150r/min时,油压必须大于1.8bar;急速时,机油警告灯须熄灭,油压大于0.25bar。

(9) 发动机污染物排放值。

JV 发动机怠速时：CO＜1.5%，HC＜500ppm；AFE、AJR、ANQ、AWL、BFF、BBG、BCC 发动机怠速时：CO＜0.8%，HC＜150ppm。转速在 2000±50r/min 时：CO＜0.3%，HC＜100ppm。

(10) 用 VAG1367 点火测试仪或 VAG1552 故障阅读仪，检测发动机怠速运转及点火提前角。JV 发动机：6°±1°；AFE 发动机：12°±1°；AJR 发动机：12°±4.5°。其他车型见维修手册。

2) 转向系

汽车的转向盘应转动灵活、操纵方便，无阻滞现象。车轮转向时，不得与其他部件有干涉现象。转向轮转向后能自动回正。汽车在平坦、硬实、干燥和清洁的水泥路或沥青路上行驶不得跑偏，转向盘不得有摆震、路感不灵或其他异常现象。前轮定位值应符合该车技术条件。转向轮侧滑值应不大于 5m/km，转向横、拉杆及球头应无裂纹和损伤，球头不得松旷。

3) 照明、信号装置和其他电器设备

汽车的灯具应安装牢固、完好有效，不得因汽车震动而松脱、损坏、失效或改变方向；所有灯光的开关应安装牢固、开关自如，不得因汽车震动而自行开关。前照灯光束照射位置检验方法见 GB 7258—1997。在用汽车前照灯的远光光束发光强度应达到 12000CD。测试时其电源系统应处于充电状态。前照灯不允许左右的远近光灯交叉开亮。其他信号灯和指示灯应齐全有效。喇叭工作可靠，发电机技术性能良好，蓄电池保持常态电压，所有电器导线应捆扎成束、布置整齐。汽车水温表、水温报警灯、充电指示灯、燃油表、车速里程表和机油压力表等各种仪表及开关应保持灵敏有效。

4) 行驶系

轮胎的花纹深度不得小于 1.6mm，不得因局部磨损或破裂而暴露出轮胎帘布层；同一轴上轮胎的花纹和型号应一致，轮胎型号应符合出厂时的规定。轮胎螺母和驱动轴螺母应完整齐全，并按规定力矩拧紧。减振器应齐全有效，车架不得有变形、锈蚀和裂纹，螺栓和铆钉不得缺少和松动，前后桥不得有变形和裂纹，车桥和悬挂间的各种拉杆和导杆不得有变形，各接头和衬套不得松旷和移位。

5) 传动系

汽车离合器应接合平稳，分离彻底，工作时不得有异响、抖动和不正常打滑等现象，踏板自由行程应符合整车有关规定。

变速器换挡时齿轮啮合灵便，互锁和自锁装置有效，不得有乱挡和自行跳挡现象，运行中无异响。

传动轴在运转时不得发生振抖和异响，轴承和万向节不得有裂纹和松旷。

6) 制动系

制动液压管路的安装必须保证其有足够的长度和柔性，有适当的安全防护，避免擦伤、缠绕或其他机械损伤，连接可靠，无任何泄漏，不得因发动机热量而产生气阻。制动液面高度应保持在规定范围之内，报警装置工作良好，制动液在使用有效期内。驻车制动系统操纵轻便，其制动力的总和不小于整车重量的 20%。左右轮制动力差与该轴左右轮中制动力大者之比：前轴不得大于 20%，后轴不得大于 24%。制动机械系统应齐全可靠。

ABS装置工作正常。

7) 车身

车身覆盖件平整无凹凸，线条圆顺均匀，表面光滑，左右对称。焊缝表面不能高低不平，宽度均匀。车身骨架各处连接牢固，无裂纹或脱焊。门窗关闭严密，开关灵活，不透风、不漏水、玻璃升降灵活，挡风玻璃无眩目现象。车门铰链不得松旷，门锁牢固可靠。车门内饰符合原厂要求，座椅应牢固完好，连接件螺孔应相互对正。

8) 安全防护装置

防盗装置工作正常。汽车安全带应可靠有效；汽车内外后视镜应易于调节，并能有效保持其位置；风窗刮水器应能正常工作，刮水器关闭时，刮片应能自动回到初始位置。

9) 漆面

油漆涂装是一项特殊工程，油漆涂装质量与钣金工整形烧焊、油漆喷涂前表面层处理、烤漆房烘烤时间及温度、喷涂操作方法和技能等有关，其检验标准如下。

对整形表面处理后应无杂质、油、锈、水、尘。锈斑处，镀锌板底漆喷涂均匀，有良好的附着力。刮头道腻子修复平面部位应做到线条轮廓清晰、无明显凹凸现象。刮二道腻子修复平面处应做到表面无缺陷，精度进一步提高。喷可喷腻子做到打磨后，表面状态达到平整、光洁。面漆前处理时未喷处应做好保护，喷漆处做好清洁准备。喷面漆做到颜色统一、和谐。漆面处理做到无尘、无流挂、无明显的橘皮，无明显接头现象，漆面光洁、平整，基本达到新车要求。

10) 气焊检验标准

（1）焊缝焊接要牢固，目测焊缝时焊件、焊料金属应熔化一体，不允许有尘砂、夹缝、烧焊不透的现象，条件允许的焊缝质量检查应正、反二面目测检查，防止虚焊、脱焊。

（2）焊缝应平整，焊料不能明显凸出焊件平面，必要时在保证焊接质量的前提下用角向手提砂轮机磨平砂光。

（3）气焊焊接焊缝不能过大过小，焊缝尺寸应根据焊件规定的标准要求。

（4）凡焊接后金属体因收缩发生变形的要采取整形处理，恢复其原状。

（5）气焊、打磨整形后的金属件表面，一定要有防锈处理措施（或喷涂防锈底漆），漆工在进行油漆涂装工艺前，必须检查防锈措施是否落实。

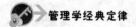

管理学经典定律

木桶理论（Buckets effect）

组成木桶的木板如果长短不齐，那么木桶的盛水量不是取决于最长的那一块木板，而是取决于最短的那一块木板。

木桶理论也可称为"短板效应"，也即"水桶定律"，其核心内容为：一只水桶盛水的多少，并不取决于桶壁上最长的那块木块，而恰恰取决于桶壁上最短的那块木块。根据这一核心内容，"木桶理论"还有两个推论：一，只有桶壁上的所有木板都足够高，那水桶才能盛满水；二，只要这个水桶里有一块木板长度不够，水桶里的水就不可能是满的。

管理启示：当前，汽车维修行业的竞争十分激烈，在稳定和争夺客户资源的竞争中，汽车维修企业已从简单维修服务竞争上升为顾客满意度竞争。在客户眼里，每一个汽车维修工都代表企业的形象，因此，只有每一个员工都表现得很优秀时，企业才能获得更高的满意度，才能拥有更多的客户资源。

本 章 小 结

汽车维修是指汽车维护与汽车修理。所谓汽车维护,就是在车辆技术状况完好时,为维持汽车完好的技术状况或工作能力而进行的技术作业。汽车维护也称汽车保养或汽车养护,其作业内容主要包括清洁、补给、润滑、紧固、检查、调整以及发现和消除汽车运行故障和隐患等。汽车维护分为定期维护与特殊维护。定期维护又分为每日维护、一级维护和二级维护。特殊维护又分为走合期维护、季节性维护和环保检查/维护。

所谓汽车修理,就是在车辆技术状况恶化后,为恢复汽车完好技术状况(或工作能力)和使用寿命而进行的技术作业。按汽车修理的对象和作业深度划分,可分为车辆大修、总成修理、车辆小修和零件修理。

汽车维修企业的生产管理包括车间生产计划、生产进度控制、生产资料管理、安全生产等内容。汽车维修企业车间生产管理由生产调度及车间经理负责。

汽车维修企业技术管理的基本任务是:采用先进合理的汽车维修技术工艺,并选用生产上适用、技术上先进的汽车维修设备及汽车检测诊断设备,确保维修质量与维修效率,降低维修消耗和环境污染,实现汽车维修企业的经济效益与社会效益。

汽车维护技术管理的主要内容就是确定每级维护的作业内容及检验标准,确定汽车每级维护作业的周期。

汽车修理的技术管理的主要内容就是确定车辆各总成的大修条件、大修工艺及大修检验标准。不同车辆的各总成的大修条件、大修工艺及大修检验标准都不相同,在进行修理时,要结合车辆生产厂家提供的修理技术数据,确定最终修理方案。

思 考 题

1. 简述汽车维护与汽车修理的内容。
2. 简述汽车维修企业生产管理的内容。
3. 简述汽车维修企业生产调度的岗位职责。
4. 简述汽车维修工艺。

能 力 训 练

1. 针对某汽车维修企业,在劳动安全与劳动保护方面制定改进方案。
2. 结合维修企业的实际,制定汽车各级保养规范及验收标准。
3. 结合维修企业的实际,制定汽车的发动机总成大修工艺规范及验收标准。
4. 结合实际维修现场,完成小修项目完工检验。
5. 结合实际维修现场,完成保养维修项目完工检验。

第 4 章 汽车维修质量管理

学习目标

知识目标	（1）了解汽车维修企业的质量管理制度 （2）掌握汽车维修质量检验的分类
能力目标	（1）能够制定汽车维修质量的管理方案 （2）能够制定三级质量检验的责任制

本章导读

质量管理是指为了实现质量目标而进行的在质量方面的指挥和控制活动。质量管理的发展大致经历了三个阶段，如图 4.1 所示。

1. 质量检验阶段

20 世纪前，产品质量主要依靠操作者本人的技艺水平和经验来保证，属于"操作者的质量管理"。20 世纪初，以 F.W. 泰勒为代表的科学管理理论的产生，促使产品的质量检验从加工制造中分离出来，各种检验工具和检验技术也随之发展，大多数企业开始设置检验部门，这个时期的质量检验称为"产品质量检验阶段"，其特点是"事后检验"及"全数检验"，目的是严把产品质量关，从产成品中挑出次品，检验工作由工长或检验员来完成。

2. 统计质量控制阶段

这一阶段的时间从 20 世纪 40 年代至 50 年代末，其主要特点是：从单纯依靠质量检验的事后把关，发展到工序控制，突出了质量的预防性控制与事后检验相结合的管理方式。

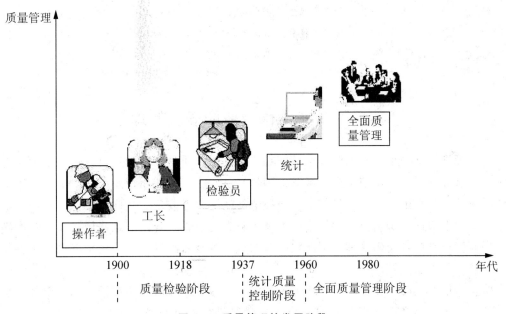

图 4.1　质量管理的发展阶段

1924年，美国贝尔研究所数理统计学家W.A.休哈特提出"事先控制，预防废品"的理念。他运用数理统计的原理发明了"质量控制图"，用于解决事后把关的不足。与此同时，他的同事提出了抽样的概念和抽样方法，并设计了可以运用的"抽样检验表"，用于解决全数检验和破坏性检验所带来的问题。由于数理统计方法的广泛应用，这一时期的质量管理被称为"统计质量控制"。

W.A.休哈特与他的同事成为运用数理统计理论解决质量问题的先驱，但当时并未被普遍接受。以数理统计理论为基础的统计质量控制的推广应用始自第二次世界大战。由于事后检验无法控制武器弹药的质量，美国国防部决定把数理统计法用于质量管理，并由标准协会制定有关数理统计方法应用于质量管理方面的规划，成立了专门委员会，并于1941—1942年先后公布一批美国战时的质量管理标准。

3. 全面质量管理阶段

20世纪50年代以来，随着生产力的迅速发展和科学技术的日新月异，人们对产品的质量从注重产品的一般性能发展为注重产品的耐用性、可靠性、安全性、维修性和经济性等。在生产技术和企业管理中要求运用系统的观点来研究质量问题。在管理理论上也有新的发展，突出重视人的因素，强调依靠企业业全体人员的努力来保证质量。此外，还有"保护消费者利益"运动的兴起，企业之间市场竞争越来越激烈。在这种情况下，美国的A.V.费根鲍姆于20世纪60年代初提出全面质量管理的概念。他提出，全面质量管理是"为了能够在最经济的水平上、并考虑到充分满足顾客要求的条件下进行生产和提供服务，并把企业各部门在研制质量、维持质量和提高质量方面的活动构成为一体的一种有效体系"。

案例导入

某汽车维修厂维修了一台严重损坏的奥迪A6事故车，由于作业班组责任心不强，车辆维修出厂后，三天两头地回厂返工，不是今天这儿漏油，就是明天那儿异响，更让车主恼火的是车架校正不好，车辆跑偏。车主找到厂长要讨个说法，针对这件事，厂长组织全体员工大讨论，大家提出了很多意见，厂长给大家讲了海尔质量管理三步曲：第一步提出质量观念，即"有缺陷的产品就是废品"；第二步推出"砸冰箱"事件，引起员工心灵上的震撼，将质量理念渗透到每一位员工的心里；第三步构建"零缺陷"管理机制。

厂长要求按海尔质量管理理念来处理顾客投诉，他们首先组织了现场会，认真分析返工的原因，对责任者进行了处罚。然后对车辆进行全面返工，将发动机吊下，重新校正车架，达到顾客满意。最后该维修厂以此案例为契机，制定了预防返工措施，制定了回厂返工处理流程。

通过这次返工的处理，该汽车维修厂的质量管理水平上了一个新台阶。

4.1 汽车维修企业的质量管理

质量管理是把一个企业内部各个部门在质量发展、质量保持、质量改进等方面结合起来的一个有效体系，以便使生产和服务达到最经济水平，并使用户满意。

质量不是检验出来的，而是每个工作环节品质的综合表现。在汽车维修过程中，每个工序、每一个零件、每个员工的技术能力及服务态度都影响着汽车维修质量及客户的满意度。因而汽车维修企业的管理，不能是简单的汽车维修后出厂检验，而是渗透到车辆每个工作环节的全面质量管理。

汽车维修企业的全面质量管理，是关于汽车维修质量和服务质量的全面、全员、全过程的质量管理。搞好汽车维修企业的全面质量管理，不仅是汽车维修企业树立"质量第一、用户第一"思想的基本要求，也是提高维修竣工车辆的可靠安全，具有良好技术状况的重要措施。

4.1.1 汽车维修质量管理机构设置

质量管理机构的设置，应根据企业规模的大小而定。质量管理机构一般由技术总监负责，其成员还包括专职检验员。质量管理机构的主要职责有如下几项。

（1）认真贯彻执行国家或地方颁布的质量管理法规及汽车维修质量管理的方针政策。

（2）贯彻执行国家和交通部颁布的有关汽车维修技术标准、相关标准以及有关地方标准。

（3）制定汽车维修工艺和操作规程。

（4）根据国家标准、行业标准、地方标准的要求，制定企业汽车维修技术标准。

（5）建立健全企业内部质量保证体系，加强质量检验，掌握质量动态，进行质量分析，推行全面质量管理。

（6）搞好维修后跟踪服务。

4.1.2 汽车维修企业的质量管理制度

汽车维修企业必须建立健全有关企业技术管理和质量管理的规章制度，落实岗位责任制和质量责任制，做到检验有标准，操作有规程，优劣有奖惩，不断提高质量管理水平。汽车维修企业常见的质量管理制度有以下几种。

1. 原材料及汽车配件进厂入库检验制度

汽车维修企业对新购原材料及汽车配件，在进厂入库前必须由专人逐件进行检查验收。由于现在汽车维修是以换件为主，汽车维修企业需要大量的汽车配件周转，因此要确保汽车配件进货渠道可靠、严防假冒伪劣配件，须完善与加强入库验收手段。

2. 维修质量检验制度

车辆从进厂、经过解体、维修、装配直至竣工出厂,每道工序都应通过自检、互检,并作好检验记录,以备查验。

3. 计量管理制度

由于在汽车维修过程中,需要大量的检测仪器,每一个测量结果决定着维修方案与维修工艺。因此计量管理工作是汽车维修企业管理中的重要环节,是保证汽车维修质量的重要手段。因此,必须加强计量器具和检测设备的管理。要按有关规定,明确专人保管、使用和鉴定,确保计量器具和设备的精度。

4. 技术业务培训制度

加强职工的技术业务培训,是提高职工素质、保证维修质量、提高工效的重要途径。企业要根据生产情况,不断组织职工进行培训,并按不同岗位和级别进行应知应会的考核,以激励职工不断进取的自觉性。

5. 岗位责任制度

工作质量是由全体员工来保证的。因此,必须建立严格的岗位责任制度,以增强每个员工的质量意识,提高岗位技能和责任心。

4.1.3 汽车维修质量管理方法

1. 加强全员质量教育与培训

汽车维修企业的工作质量既包含产品质量又包含服务质量,为此要做好质量管理,就必须要长期坚持不断地对全体员工进行质量教育。质量教育包括关于质量管理的思想教育和技术业务教育。

1)质量管理的思想教育

开展质量管理思想教育的目的是要教育企业员工增强质量意识,树立"用户第一、质量第一"的思想。

质量管理的思想教育对于技术人员来说,主要是进行全面质量管理的原理和方法。对维修工人则是加强质量意识的教育,因为工人的责任心和操作工艺是保证汽车维修质量的基础。

2)质量管理的业务教育

汽车维修质量还取决于企业员工的业务水平。从目前大多数汽车维修企业来看,其企业管理基础工作薄弱,汽车维修技术水平落后。因此要提高汽车维修质量,不仅要加强质量意识教育,而且还要搞好企业员工的业务培训,对于技术管理人员,主要是进行业务培训,以便更新知识,迅速提高其管理水平和业务水平;对于维修工人主要是进行岗位技能培训,以使他们能掌握不断更新的汽车维修技能。

质量管理的教育方法,通常是让企业员工进行"换位思维"。如果我是用户,希望得到何种服务和何种质量,如何才能使用户满意等。通过长期不断的质量管理教育,培养企业员工的主人翁意识,培育企业员工的团队精神和敬业精神。

2. 制定质量管理目标

考核汽车维修企业产品质量与服务质量的常用指标是返修率、返工率与一次检验合格率。

1) 返工率

返工率是指汽车在维修过程中，经上下工序互检不合格而造成的返工次数占上下工序总移交次数的百分率。它是用以考核汽车维修企业内部工序质量的指标。

2) 返修率

返修率是指经维修竣工的汽车出厂后，在质量保证期内，由于汽车维修质量或汽车配件质量的原因所造成的返修次数占汽车维修企业同期维修车辆总数的百分率。返修率一般以月、季、年度进行考核。

3) 一次检验合格率

一次检验合格率是指维修竣工汽车在最后交付出厂检验时的一次合格所占的百分率。它是考核汽车维修企业全部工作质量的综合性指标。

3. 明确质量责任制

质量责任制是汽车维修企业质量管理中的重要基础工作。所谓质量责任制，就是在汽车维修企业中，在明确岗位责任制的基础上明确其在质量管理中的具体任务、职责和权力，并做到职责明确和功过分明，其主要内容有如下几项。

（1）在质量检验中，应由技术总监对汽车维修质量负有全面责任。并负责处理职责范围内关于汽车维修质量的重大技术问题和技术责任事故。

（2）质量检验员要坚持汽车维修的质量验收规程、质量验收规范和质量验收标准，坚持原则，做好质量检验工作。抓好关键工序的质量检验及重要总成的装配与验收；并深入汽车维修过程，严格执行企业技术标准和工艺纪律，指导和监督汽车维修全过程，做好汽车维修全过程中的技术参谋。

（3）主修车间、主修班组和主修工要严格执行安全技术操作规程、工艺规范和技术标准，认真做好汽车维修过程中的工位自检和工序互检。另外，还要在关键岗位、关键工位或工序设立重点质量控制点，抓住薄弱环节、抓住重大质量事故，分析原因、妥善解决、重点突破。

4. 强化汽车维修过程管理

汽车维修过程是一个多工种、多工序配合的复杂过程，汽车维修过程中的每个工种或每个工序都可能会影响到汽车维修的最终质量。为此，在汽车维修过程中，在严格控制汽车维修过程中的操作规程、工艺规范和技术标准等，加强汽车维修的工艺纪律和劳动纪律，严格执行质量检验制度。

5. 加强对汽车维修辅助环节的管理

汽车维修的最终质量在很大程度上取决于汽车配件质量、汽车维修设备和检测诊断设备的使用质量、外加工质量及库房的管理流程等众多因素，所以，为了确保汽车维修质量，应该对维修企业的全体员工、维修的全过程及维修服务的各个方面都要进行质量管理。

4.2 汽车维修的质量检验

保证汽车维修竣工出厂质量是汽车维修企业质量检验的中心工作。要提高汽车维修竣工出厂质量，不仅要落实质量检验的岗位责任制和质量责任制，而且还要加强汽车维修质量检验过程中的质量验收标准和质量检验办法。

所谓质量检验，就是借助于某种手段（如传统经验、检测诊断的仪器设备或随车自诊断系统等），对所维修的汽车、总成或零部件等进行质量特性的测试和诊断，并把质量结果与质量标准相比较，最后做出合格或不合格的质量判断。

4.2.1 汽车维修质量检验的作用

在汽车维修质量管理中，汽车维修质量检验是具体保证和检验监督汽车维修质量的关键工作。

1. 预防功能

在汽车维修过程中，通过对每道工序的检验，以便及时发现问题，找出原因，采取措施，防止进入下一个工序并导致最终维修质量不合格，造成经济上浪费及车辆维修工期的延长。

2. 保证功能

通过对汽车维修过程中的每个环节如配件入库出库、原材料、维修过程、外加工等进行检验，可确保不合格零件不在车辆上使用，确保每道工序合格后方可进入下一个工序，确保出厂检验合格后方可移交给客户。

3. 报告职能

通过对每道工序的检验，可将质量检验的情况，及时向企业质量主管部门报告，为加强质量管理和监督提供依据，并对重大质量隐患可由厂方及时做出应对方案。

4.2.2 汽车维修质量检验的分类

1. 按汽车维修工艺分类

按汽车维修工艺可分为进厂检验、维修过程检验和出厂竣工检验三级。

1) 进厂检验

进厂检验指根据客户对车辆故障现象的描述及送修车辆技术状况的检查鉴定，与顾客协商确定最终修理项目、交车时间及预计维修费用。

进厂检验主要内容有：对进厂送修车辆进行外观检视，填写进厂预检单；注明车辆装备数量及状况；听取客户的口头反映；查阅该车技术档案和上次维修技术资料；检测或测试车辆的技术状况；确定故障原因及维修方案，签订维修合同。

2) 过程检验

过程检验，也称工序检验，是指从汽车解体、维修、装配与调试，直到汽车维修竣工出厂全过程中的质量检验与质量监督。

汽车维修过程中的质量检验与质量监督目前普遍采用三级质量检验的质量保证制度，即工位自检、工序互检和专职检验相结合的方法。因此，必须建立检验岗位责任制，明确检验分工，严格把握质量关。

3）出厂检验

出厂检验是指送修的车辆维修竣工后，在交给客户前进行的综合质量验收。汽车维修竣工出厂检验应由专职总检验员负责，按汽车维修质量要求的动力性、可靠性、安全性、经济性和环保性进行综合性检验，以确保汽车维修的最终质量。

出厂检验的内容如下。

（1）整车检查。在静止状态下对整车进行外观检查，内容如下。

① 汽车外观是否整洁，整车各总成和附件应符合规定技术条件，如装备是否齐全良好，各部连接是否牢固，装配是否齐全正确。

② 油、水、气、电是否加足，有无四漏现象。

③ 仪表开关、电器设备（包括各种管路、线束和插接器）是否安装正确和卡固良好，各种灯光信号标志是否齐全有效，反应是否灵敏。

④ 轮胎气压是否正常。

⑤ 车门启闭轻便，门锁牢固可靠，密封良好，不透风，不漏水，车门铰链、前后盖铰链灵活但不松旷，后视镜安装良好。

（2）发动机在空载情况下的检验，内容如下。

① 发动机起动迅速。

② 急速稳定，运转平稳，机油压力正常，无异响。

③ 点火正时调整正确，加速时无"回火"、"放炮"现象。

④ 水温正常，废气排放符合规定。

⑤ 发动机点火、燃料、润滑、冷却、排气、电器各部件无漏油、漏水、漏电、漏气现象。

（3）路试。道路试验主要检查整车在各种行驶工况下（如起步、加减速、换挡和滑行以及紧急制动等）其加速性能、滑行性能、制动性能是否良好，发动机及底盘各部是否异响，操纵机构是否灵敏轻便，百公里耗油、噪声和废气排放是否正常等。

（4）路试后的检验。汽车在路试检验后，若在路试中发现了异常现象（如异响和异热），则将车辆交由主修人负责排除经路试检测所发现的缺陷和不足。在排除故障、重新调试并路试合格后，由路试检验员签字，车辆移交给前台，由服务顾问或前台通知客户取车。

2. 按检验职责分类

按检验职责分为工位自检、工序互检和专职检验。

1）工位自检

工位自检是指主修工根据工艺规程、工艺规范及技术标准，对自己所承担的维修项目进行自我质量检验。工位自检是汽车维修过程中最直接、最全面、最重要的检验。因为只有主修工在工位自检中实事求是检验自己的维修质量，整车维修质量才能有保证。

2）工序互检

工序互检是指工序交接过程中下道工序对上道工序的检验。互检的形式也可以是班组长对本组工人的抽检,也可以是专职检验员对关键维修部位的质量进行抽检。

3)专职检验

专职检验是由专职检验员对维修质量的检验。专职检验员主要是针对维修过程中关键工序进行检验,以确保车辆维修质量。

要落实自检、互检和专职检验三级检验制度,关键在于要明确自检、互检、专检的责任范围。工位自检是基础,汽车维修过程中的工序互检或专职检验都必须在主修工工位自检合格的基础上进行。为此要建立各工位与各工序的质量保证制度和岗位责任制,并明确检验方法和检验标准,提供必要的检测手段,做好检验记录和交接签证,严格把握质量关。在车辆维修过程中,"派工单"应随着工序一起交接,每次交接时各工序的主修工应在"派工单"上签字,以表示该工序项目完成且自检质量合格,这样可以保障汽车维修各工序的质量。

4.3 汽车维修质量检验管理实例

汽车维修质量的检验方法有两种:一是人工凭经验检验;二是利用仪器设备检验。

人工凭经验检验诊断法是指汽车检验人员凭实践经验和理论知识,在汽车不解体的情况下,利用简单工具,用眼看、耳听、手摸和鼻闻等手段,对汽车技术状况和维修质量进行定性分析判断的一种方法。

仪器设备检测诊断方法是指在汽车不解体的情况下,用仪器或设备测试汽车各系统性能的参数,定量分析汽车的技术状况。

汽车维修企业在质量管理过程中,最重要的是建立检验岗位责任制,明确每级检验的责任及主要维修项目的检验标准,严格执行工位自检、工序互检和专职检验相结合的三级检验制度。

本节以上海大众某4S店为例,阐述汽车维修质量检验的企业标准。

4.3.1 自检责任及自检标准

厂方要求每个工作小组在工作结束后,必须要自检,自检以人工检验为主,自检标准如下。

1. 发动机

(1)发动机起动迅速(马达1~2次起动)。

(2)怠速稳定,运转平稳,机油压力正常,无异响。

(3)点火正时调整正确,加速时无"回火"、"放炮"现象。

(4)水温正常,废气排放符合规定。

(5)发动机点火、燃料、润滑、冷却、排气、电器各部件无漏油、漏水、漏电、漏气现象。

2. 变速器

(1)各挡位换挡时齿轮啮合灵便。

(2)互锁和自锁装置有效,无跳挡、乱挡现象。

(3) 无渗漏油。

(4) 运行中无异响。

3. 车身

(1) 车身骨架各处连接牢固，无裂纹或脱焊，覆盖件平整，线条圆顺均匀，焊缝大小一致。

(2) 车体周正，左右对称。

(3) 车门启闭轻便，门锁牢固可靠。

(4) 密封良好，不透风，不漏水。

(5) 车门铰链、前后盖铰链灵活但不松旷。

4. 转向器

(1) 转向轻便，调整准确，连接牢固，转向时与其他部件无干涉。

(2) 助力系统无渗漏。

(3) 防尘套无破损，卡箍有效。

(4) 转向后自动回正，性能好。

(5) 前轮前束或侧滑符合规定。

5. 后桥

(1) 后桥不得有变形、翘曲现象，后轮倾角符合定位要求。

(2) 后桥衬套无严重磨损后的松旷。

(3) 后桥短轴不变形。

(4) 后桥固定螺栓紧固。

6. 涂装

(1) 油漆涂装件外表光滑平整，无明显凹坑、点及划痕、无泥子打磨不平引起的接口裂缝，线条清晰，基本与原车一致。

(2) 油漆涂装件外表无明显砂纸打磨痕迹或刷痕。

(3) 油漆外表面无明显流挂、垂痕流痕。

(4) 外表无严重桔皮型或明显起皱。

(5) 金属漆在阳光照射下无块状疤痕。

(6) 外表光泽，颜色基本一致，无明显色差。

(7) 喷漆厚度符合工艺规范要求。

(8) 漆面无严重影响外观的气泡孔、针孔或尘点。

(9) 油漆涂装件外的表面无飞溅余漆及打磨流痕（做好清洁工作）。

(10) 烤漆房监控记录符合技术要求。

4.3.2 过程检验的责任及检验标准

厂方将常见的保养项目及维修项目的过程检验责任及检验标准做出了详细规定。过程检验的详细规定见表 4-1。

表 4-1 过程检验规定

序号	维修过程	维修过程	检验项目	检验频次	检验人员	检验手段	判定准则	检验记录
1	机工	首次保养 7500公里保养 15000公里保养	由委托书项目按上汽大众《修理手册》执行	抽检	检验员	目测,按上汽大众《维修手册》执行	各维修项目的技术性能指标符合上汽大众的要求	《委托书》
2	电工	30000公里保养 年检保养	按《30000万公里竣工检验单》执行	每辆检验	检验员	目测、调试、有关检测仪器	30000公里保养项目和作业要求	《委托书》
3	钣金	安全件范围的维修项目	由委托书项目按上汽大众《修理手册》执行	每辆检验	检验员	目测,按上汽大众《维修手册》执行	各维修项目的技术性能指标符合上汽大众的要求	《委托书》
4		事故车、大修车、发动机专项修理、换短发、换车身	由委托书项目按上汽大众《修理手册》执行	每辆检验	检验员	目测、调试、有关检测仪器	各维修项目的技术性能指标符合上汽大众的要求	《委托书》
5	特殊过程	油漆钣金焊接	《汽车油漆修补涂装工艺过程》、《焊接操作规范》	每辆检验	检验员	目测《油漆修补涂装工艺过程》、《焊接操作规范》	各维修项目的技术性能指标符合上汽大众的要求	《油漆修补涂装工艺过程》、《焊接操作规范》、《委托书》

4.3.3 竣工检验的责任及检验标准

厂方将常见的保养项目及维修项目的竣工检验责任及检验标准做出了详细规定。竣工检验的详细规定见表 4-2。

4.3.4 最终检验的责任及检验标准

厂方将常见的保养项目及维修项目的竣工检验责任及检验标准做出了详细规定。竣工检验的详细规定见表 4-3。

4.3.5 安全项的抽检项目及检验标准

为保证维修质量,确保行车安全,厂方规定了安全项的操作规程、抽检项目及检验标准。安全项的抽检项目及检验标准见表 4-4。安全项的操作规程见表 4-5。

表4-2 竣工检验规定

序号	维修过程	维修项目	检验项目	检验项目	检验人员	检验方法	判定准则	检验记录
1	机工	首次保养（含PASSETB5）	首次7500公里免费保养服务记录	每辆检验	自检	目测、调试、有关检测仪器	7500公里保养项目检验标准	《首次7500公里免费保养服务记录》、《委托书》
2	电工	7500公里保养	7500公里保养服务记录	每辆检验	自检	目测、调试、有关检测仪器	7500公里保养项目检验标准	《7500公里保养服务记录》、《委托书》
3	钣金	15000公里保养（含B5）	15000公里保养服务记录	每辆检验	自检	目测、调试、有关检测仪器	15000公里保养项目检验标准	《15000公里保养服务记录》、《委托书》
4		30000公里保养	30000公里保养服务记录	每辆检验	自检检验员	目测、调试、有关检测仪器	30000公里保养项目检验标准	《30000公里保养服务记录》、《委托合同书》
5		年检保养	年检保养服务记录	每辆检验	自检检验员	目测、调试、有关检测仪器	年检保养项目检验标准	《年检保养服务记录》、《委托合同书》
6		一般修理	按委托书	每辆检验	自检	按上汽大众《维修手册》规定	维修项目符合上汽大众技术要求	《委托书》
7		事故车、大修发动机专项修理换短发、换车身	按委托书	每辆检验	自检检验员	按上汽大众《维修手册》规定	维修项目符合上汽大众技术要求	《委托书》有关检测报告
8	焊接特殊过程	钣金整形中的焊接	委托书、焊接操作规范	每辆检验	检验员	按上汽大众《维修手册》规定	维修项目符合上汽大众技术要求	《委托书》、《焊接工艺操作记录》
9	油漆特殊过程	表面喷涂	油漆修补涂装工艺过程控制规定	每辆检验	检验员	目测	维修项目符合上汽大众技术要求	《委托书》、《油漆工艺监控检验记录》

表4-3 最终检验规定

检验范围	分类	检验对象	检验项目	检验频次	检验量	检验方法	判定准则	检验记录
机修、电器、钣金维修项目最终检验	1	首次保养（含PASSATB5）	按首次7500公里保养项目	每辆维修车检验	服务顾问按《任务委托书》项目逐项检验	1. 查看领用材料清单与维修项目是否一致 2. 就车逐项检验	1. 符合上汽大众维修手册技术要求，任务委托书维修项目不漏项 2. 经顾客同意	过程检验、竣工检验合格后，由服务顾问按照《任务委托书》进行检验。检验合格后，在《任务委托书》第一页上加盖"最终检验合格"章
	2	7500公里保养	按7500公里保养项目					
	3	15000公里保养（含PASSATB5）	按15000公里保养项目					
	4	30000公里保养	按30000公里保养项目					
	5	年检保养	按年检保养项目					
	6	一般修理	按《大众维修》手册及要求操作					
	7	事故车、发动机大修、换短发、换车身	按《大众维修》手册及要求操作					
油漆最终检验	8	油漆喷徐项目	任务委托合同书要求的喷徐项目					

表4-4 安全项抽检标准

序号	抽检项目	检验要求
1	更换前制动片、盘，后制动片	(1) 磨擦表面无油污、无裂损 (2) 制动力符合 GB 7258—1997 要求
2	更换后制动分泵	无泄漏、卡滞现象
3	更换制动总泵，加力泵	(1) 制动踏板自由行程 10～15mm (2) 无泄漏、无踏空 (3) 接头牢固、可靠 (4) ABS 系统故障灯不亮
4	更换后制动鼓	(1) 后制动鼓与后刹车片接触良好 (2) 制动力符合 GB 7258—1997 要求
5	更换制动软管	(1) 制动管接头紧固可靠 (2) 无明显渗漏油现象
6	方向机、横拉杆球头	(1) 转向轻便灵活，球头不松旷，螺栓螺母紧固可靠。无摆震跑偏能自动回位 (2) 前束角 0～1.6mm 或侧滑值小于 5m/km

注：详细维修数据和工艺过程见上海大众汽车《维修手册》

表4-5 安全项操作规定

序号	维护作业项目	作业要求
1	更换前制动片、盘	(1) 摩擦片盘表面无油污 (2) 更换制动摩擦片之后，须数次用力地把制动器踏板踩到底，以便使制动摩擦片位于正常工作位置 (3) 摩擦片底板上粘有薄膜的在安装前必须撕掉 (4) 原则上同轴二侧摩擦片同时更换。
2	更换后制动分泵	(1) 后分泵无泄漏、活塞无卡滞现象 (2) 分泵更换后要放空气
3	更换制动总泵、加力泵	(1) 总泵、加力泵各油管、真空管连接牢固不泄漏 (2) 制动踏板自由行程15~25mm (3) 无踏空、无顶脚现象 (4) ABS系统故障灯不亮
4	更换后制动片、鼓	(1) 后制动鼓与摩擦片要有良好的接触面 (2) 制动力符合GB 7258—1997标准
5	更换制动软管	(1) 在制动软管接口安装时，先随手旋入，再用开口扳手紧固24N·m (2) 制动软管无扭曲，无渗漏
6	方向机、横拉杆球头	(1) 方向转动灵活，横拉球头自锁螺母扭紧力矩30N·m (2) 方向无摆振、跑偏、自动回位性能好 (3) 前束值0~1.6mm或侧滑量<5m/km

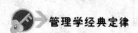
管理学经典定律

二八定律 (Pareto principle)

19世纪末20世纪初意大利的经济学家巴莱多认为，在任何一组东西中，最重要的只占其中一小部分，约20%，其余80%尽管是多数，却是次要的。社会约80%的财富集中在20%的人手里，而80%的人只拥有20%的社会财富。这种统计的不平衡性在社会、经济及生活中无处不在，这就是二八定律。

管理启示：二八定律告诉我们，不要平均地分析、处理和看待问题，汽车维修企业在企业经营和管理中要抓住关键的少数主要问题；要找出那些能给企业带来80%利润、总量却仅占20%的关键客户，加强服务，达到事半功倍的效果；企业领导人要对工作认真分类分析，要把主要精力花在解决主要问题、抓主要项目上。

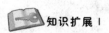
知识扩展

全面质量管理

全面质量管理是质量管理的一种形式，它以经营为目标，由全体职工参加，在全过程中对产品的全部广义质量所进行的管理，包括思想教育并综合运用各种科学方法。

一、全面质量管理的特点

由全面质量管理的定义可知全面质量管理的基本特点是"三全"，即全面的、全过程的、全员的。

1. 全面质量的管理

过去我们一说到质量，往往是指产品质量，它包括性能、寿命、可靠性和安全性，即所谓狭义质量概念。但是，产品质量再好，如果制造成本高，销售价格贵，用户是不欢迎的。即使产品质量很好，成本也低，还必须交货及时和服务周到，才能真正受到用户欢迎。因此一个企业必须在抓好产品质量的同时，要抓成本质量、交货期质量和服务质量。这些质量的全部内容就是所谓广义的质量概念，即全面质量。可见，质量管理必须对广义质量的全部内容进行管理。

产品质量＋成本＋交货期＋服务＝全面质量

2. 全部过程的管理

产品是怎样形成的呢？它是包括企业一系列活动的整个过程。这个过程包括市场调查、设计、生产制造、检验出厂和销售服务。用户的意见又反馈到企业加以改进，这整个过程可看作是一个循环过程。

可见，产品质量的提高依赖于整个过程中每个环节的工作质量的提高，因此，质量管理必须对这种全部过程的每个环节都进行管理。

3. 由全体人员参加的管理

产品质量的好坏，是企业许多环节和工作的综合反映。每个环节的每项工作都要涉及到人。企业的人员，无论是前方的还是后方的，是车间的还是科室的，没有一个人不与产品质量有着直接或间接的关系。每个人都重视产品质量，都从自己的工作中去发现与产品质量有关的因素，并加以改进，产品质量就会不断提高。因此，质量管理，人人有责。只有人人都关心质量，都对质量高度负责，产品质量才能有真正的提高和保证。所以，质量管理必须由全体人员进行管理。

二、全面质量管理的指导思想

1. 一切为用户着想，树立质量第一的思想

产品生产就是为了满足用户的需要。因此，为了保持产品的信誉，必须树立"质量第一、用户至上"的思想，在为用户提供物美价廉的产品的同时，还要及时地为用户提供技术服务。

2. 一切以预防为主，好的产品是设计和生产出来的

用户对产品的要求，最重要的是保证质量。把保证质量的重点放在检查上是不能从根本上保证质量的。由于质量是逐步形成的，因此，在生产过程中，把影响质量的每个环节统统控制起来，改变过去单纯以产品检验的"事后检查"为以"预防为主"，防检结合，采用"事前控制"的积极"预防"。显然，这样生产出来的产品质量自然是好的。所以说，好的产品是设计和生产出来的，不是检验出来的。

3. 一切用数据说话，用统计的方法来处理数据

"一切用数据说话"就是用数据和事实来判断事物，而不是凭印象来判断事物。

三、全面质量管理的基本方法

PDCA 循环工作法是全面质量管理的基本工作方法。该工作法用四个阶段、八个步骤来展示反复循环的工作程序。

(1) 计划阶段(Plan)：①找出质量存在问题；②找出质量问题的原因；③找出主要原因；④根据主要原因，制定解决对策。

(2) 实施阶段(Do)：按制定的解决对策认真付诸实施。

(3) 检查阶段(Check)：调查分析对策在执行中的效果。

(4) 处理阶段(Action)：①总结执行对策中成功的经验，并整理为标准制度和规定，以巩固成绩；②执行对策中不成功或遗留问题转下一轮 PDCA 循环解决。

整个企业的工作要按 PDCA 循环进行，企业各部门、车间、班组也要制定出各自的 PDCA 工作循环，形成大环套小环。PDCA 每循环一次，质量提高一步；不断循环则质量不断提高。PDCA 循环作为质量管理的一种科学方法，适用于企业各个环节、各方面的质量工作。

知识扩展 2

J. D. Power and Associates

成立于 1968 年的 J. D. Power and Associates 是一家全球市场信息公司，独立从事关于产品和服务质

量、用户满意度和分析购买行为的调研服务,以独立性和客观性著称于世。业务范围涉及多个行业,尤其在汽车行业最具影响力。

公司总部位于美国加利福尼亚州洛杉矶北郊的 Westlake Village,在美国,J.D. Power and Associates 最初因为其在汽车行业的业务而广为人知。J.D. Power and Associates 通过可信的有意义的和易于得到的基于用户的信息来帮助企业和消费者进行决策并得到更满意的结果。

2005年4月1日,J.D. Power and Associates 加盟 McGraw-Hill 公司,成为 McGraw-Hill 旗下的一个独立品牌。

J.D. Power 亚洲太平洋有限公司于1990年成立于日本东京,主要业务包括质量和用户满意度调研并提供在汽车、信息技术、财经、旅游与服务行业领域的咨询服务。位于新加坡的办事处于1999年开始运作,公司又于2005年1月在中国上海开设了办事处。

J.D. Power 亚太公司帮助客户理解在整个地区内影响质量和顾客满意度感知的因素。公司的调研使客户可以知己知彼地做出战略决定,并且公司也量身定做产品,适应世界各国不同市场的消费者需求。

目前,随着我国汽车市场竞争的日趋激烈以及车主用车成本的增加,售后服务成为影响顾客购买决定的重要因素,售后服务满意度较高的品牌,未来占领市场的优势也更加明显。因此,越来越多的汽车4S店开始申请 J.D. Power 审核认证,目的是最大限度地提高客户满意度。

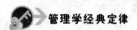 **管理学经典定律**

马太效应(Matthew Effect)

马太效应,指强者愈强、弱者愈弱的现象,广泛应用于社会心理学、教育、金融以及科学等众多领域。其名字来自圣经《新约·马太福音》中的一则寓言:"凡有的,还要加给他叫他多余;没有的,连他所有的也要夺过来。""马太效应"与"平衡之道"相悖,与"二八定则"有相类似之处,是十分重要的自然法则。

管理启示: 随着我国汽车维修市场竞争的日趋激烈,服务质量成为影响客户选择维修厂的重要因素,维修服务满意度较高的企业,未来占领市场的优势也更加明显。因此,客户满意度高的汽车维修企业的客户将越来越多;而客户满意度低的汽车维修企业,客户将会越来越少,直至企业倒闭。

本 章 小 结

质量不是检验出来的,而是每个工作环节品质的综合表现。在汽车维修过程中,每个工序、每一个零件、每个员工的技术能力及服务态度都影响着汽车维修质量及客户的满意度。汽车维修企业的全面质量管理,是关于汽车维修质量和服务质量的全面、全员、全过程的质量管理。质量管理机构一般由技术总监负责,其成员还包括专职检验员。汽车维修质量管理的方法包括加强质量教育与培训、制定质量管理目标、明确质量责任及强化维修过程管理等方法。汽车维修企业必须建立健全有关企业技术管理和质量管理的规章制度,落实岗位责任制和质量责任制,以做到检验有标准,操作有规程,优劣有奖惩,不断提高质量管理水平。

所谓质量检验,就是借助于某种手段(如传统经验、检测诊断的仪器设备或随车自诊断系统等),对所维修的汽车、总成或零部件等进行质量特性的测试和诊断,并把质量结果与质量标准相比较,最后做出合格或不合格的质量判断。

按汽车维修工艺可分为进厂检验、维修过程检验和出厂竣工检验三级。按检验职责分为工位自检、工序互检和专职检验。

汽车维修企业在质量管理过程中,最重要的是建立检验岗位责任制,明确每级检验的责任及主要维修项目的检验标准,严格执行工位自检、工序互检和专职检验相结合的三级检验制度。

思 考 题

1. 简述汽车维修企业的质量管理方法。
2. 简述汽车维修质量检验的分类。
3. 简述汽车维修企业的全面质量管理。

能 力 训 练

1. 针对某汽车维修企业,制定汽车维修质量管理改进方案。
2. 针对某汽车维修企业,制定三级质量检验的责任制。
3. 模拟维修情景,做一次更换制动总泵后的维修质量检验。

第 5 章

汽车维修企业设备管理

 学习目标

知识目标	(1) 了解汽车维修企业设备管理制度 (2) 了解汽车维修设备选型的原则
能力目标	(1) 能够正确操作常用汽车维修设备及检测仪器 (2) 能够正确制定汽车维修设备及检测仪器的管理方案

本章导读

现代汽车的故障诊断不再是眼看、耳听、手摸,而是利用各种仪器设备进行诊断、测试与分析;汽车维修已不再是简单的零件修复。准确无误地诊断出故障并排除故障,是现代汽车维修的最高境界。

特别是电子技术、电脑技术的飞速发展,使汽车的电子化程度不断提高。例如,汽车上的各个系统越来越多地采用电子控制技术,电控单元具有自诊断功能,能记录电控系统出现的故障,并以代码形式存储在电控单元存储器中。通过解码器可从电控单元储存器中读出存储的故障码,确定故障的部位。

随着汽车技术的发展,维修设备也随之产生了质的变化。20世纪90年代以来,一批批先进的进口汽车检测设备和仪器涌入国门。四轮定位仪、解码器、汽车专用示波器、尾气测试仪及车轮动平衡机等维修检测仪器,这些昔日人们十分陌生的检测设备,已经成为现代维修企业的必备工具。汽车专用示波器和解码器如图 5.1 所示。

第 5 章　汽车维修企业设备管理

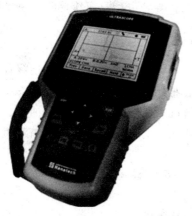
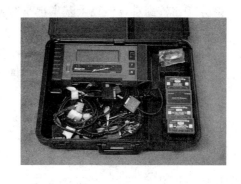

图 5.1　汽车专用示波器和解码器

案例导入

张先生是一家小型建筑装潢公司的老板，生意十分繁忙。这两天他感觉他开的桑塔纳轿车加速时有些发抖，于是他开车到他经常光顾的一家维修站。刚一进门就看见业务接待桌前围了很多人，他等了半天才排上队，开好了派工单。张先生将车开进维修车间，看到车间车辆满满的，车间主任告诉他来的不是时候，再有半个小时才能给他检修，什么时候能修好，车间主任也说不清楚。这期间不停地有人打电话找张先生有事，张先生有点不耐烦了，决定不修了，就这样，他开着带病的车返回了单位。一连几天，他都开着这辆车办事，虽然有点不舒服，也只好勉强这样。忽然有一天，他接到一个电话，是原来他曾经去过的另外一家修理厂的服务顾问打给他的，问他车辆状况怎么样。他把一肚子委屈一股脑儿向服务顾问倾诉，服务顾问问他什么时候方便，可以与我们预约，提前给他留出工位，准备好可能用到的配件和好的修理工。张先生想了想，决定次日早晨 9：00 去。第二天早晨 8：00，服务顾问就给张先生打电话，说一切工作准备就绪，问张先生什么时间赴约，张先生说准时到达。当张先生 9：00 开车到达修理厂时，服务顾问热情地接待他，并拿出早已准备好的维修委托书，请张先生过目签字，领他来到车间。车间业务虽然很忙，但早已为他准备好了工位和维修工。维修工是一位很精明的小伙子，他熟练地操作仪器检查故障，最后更换了 4 个火花塞，故障就排除了，前后不到半小时。张先生非常高兴，从此成为这家修理厂的老顾客。

5.1　汽车维修企业的设备选型

现代汽车维修不仅需要有完备的技术资料，而且还需要有齐全的检测仪器及设备，科学的检测诊断必须要有专用仪器设备。如何使用先进的、高品质的、实用性强的专用仪器设备，对于现代维修企业来说十分重要。

汽车 4S 店或特约维修站的所有仪器设备都是由汽车生产厂家指定或提供的，不需要企业对仪器设备配套选型。而对于普通汽车修理厂，由于维修车辆复杂，对仪器设备的选型要充分规划。选购设备的基本原则为：①生产上适用；②技术上先进；③经济上合理；④使用上安全。

5.1.1　汽车维修设备的分类

汽车维修设备一般可以分为汽车诊断设备、检测分析设备、养护清洗补给设备、钣金烤漆设备、保养用品、维修工具、轮胎设备、机械设备等，由于汽车维修设备种类和品种繁多，严格分类比较困难，但以上基本上是行业主流分类方法。

(1) 汽车诊断设备，主要指汽车解码器(电脑检测仪)。

(2) 检测分析设备，主要包括试验台、检测线、四轮定位仪、检测仪、检漏仪、灯光测量仪、废气分析仪、内窥镜、示波器、烟度计、各种压力表以及其他检测设备。

(3) 养护清洗补给设备，主要包括自动变速箱清洗换油机、动力转向换油机、黄油加注机、冷媒回收加注机、喷油嘴清洗检测设备、抛光机、打蜡机、吸尘器、清洗机、起动充电机、空气压缩机等。

(4) 钣金烤漆设备，主要包括烤漆房、烤漆灯、调漆设备、车身校正仪、焊枪、喷枪、电焊机、剪板机等。

(5) 轮胎设备，主要指轮胎动平衡机、扒胎机、补胎机等。

(6) 维修工具，主要指用于手工操作的各类维修工具，如成套开口扳手、成套环形扳手、成套套筒扳手及套筒、气动扳手、扭矩扳手、专用工具、工具车、工具箱等，常用维修工具如图5.2所示。

(a) 工具车

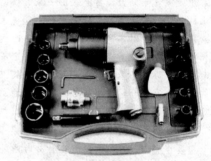

(b) 电动扳手

(c) 成套工具

(d) 电工工具

图5.2　常用维修工具

(7) 机械设备，如举升机、千斤顶等举升、搬运及装卸设备。

5.1.2　正确选购仪器设备

对于一个普通的汽车维修企业，在选购仪器设备时就要认真规划，应注意以下几点。

(1) 避免盲目购买，买非所用。在选购设备时，盲目地追求高、精、尖、新，买非所用，造成设备的闲置。

（2）避免贪大求全，耗费巨资。一些新建修理厂，在设备选购上为了在厂房设备规模上压倒本地同行，或与其他汽车修理厂互相攀比，不惜花巨资购置大、全、新的设备。

（3）避免贪图便宜。由于资金紧张，所以在购买设备时，往往将谈判的重点放在价格上，力求以最低廉的价格成交。但他们忽视了最关键的一点，即产品的质量与售后服务（如技术培训、设备保修和技术升级等）。

（4）在选购检测维修设备时，一定要注意设备的有机组合，能以最少的投资，取得最佳的、强大实用的仪器设备组合，兼顾现代高档汽车检修的方方面面，切实有效地解决维修现场所出现的各种疑难问题。

（5）在选购设备的同时，一定要及时配备详尽的汽车检测维修技术资料和图书，汽车技术飞速发展，使许多汽车维修专家与技术人员深深地感觉到只有不断地学习，不断地更新知识，才能跟上汽车维修技术日新月异的发展，所以详尽的汽车检测维修技术资料的配备，显得十分迫切与急需。

（6）选购设备时，必须考虑到设备的技术升级换代。

5.1.3 汽车维修检测诊断专用仪器设备的选型

现代汽车维修检测诊断主要的专用仪器有解码器、示波器、分析仪、万用表、压力表、温度表、转速表、频率表、四轮定位仪、ABS检测仪、制动试验台、灯光测试仪等。

1．万用表

测试电控单元或电子元件时，一般指针式万用表阻抗低，易损坏电子元件，已不适用。必须使用高阻抗数字万用表，这种万用表阻抗大，精度高，误差小，使用时不会损坏电子元件，特别是集测量压力、温度、频率、转速、电流、电压、电阻为为一体的多功能万用表，更是非常适用，如图5.3所示。

图5.3　高阻抗数字万用表

2. 解码器

解码器又称为电脑检测仪，可读数据流、执行器测试，分为原厂专用和通用型两大类。

原厂专用是汽车生产厂家为4S店提供的专用检测诊断仪器，如奔驰轿车专用的HHT、宝马轿车专用的GT1、大众轿车专用的VAG1551、克莱斯勒轿车专用的DRB-II、通用轿车专用的TECH-1等。原厂仪器适用单一车型，价格昂贵，特约维修中心专用，一般综合性维修中心没有必要购买。

通用型解码器是一种多用途、多功能、兼容性强的解码器，适用于欧美日几十种车型，能调码、清码、数值分析及执行元件测试。对于发动机、自动变速器、ABS和SRS等系统的电控单元、传感器及执行器都能进行数值分析，这给维修带来了很大方便。这种解码器通过更新软件可不断升级。目前国内修理厂使用最多的是美国SNAP-ON公司的MT2500(红盒子)解码器、美国OTC-4000型解码器和波许KTS-3000。国产的解码器有"电眼睛"、"修车王"、"金奔腾"等。这种通用型解码器，车型覆盖面广，功能齐全，升级方便，价格便宜，是普通汽车修理厂的首选仪器。

3. 示波器

对某些汽车故障进行检测诊断，只有解码器的数据流还不够，还需要从另一角度，即波形的角度对发动机的点火、进气、排气、喷油和传感器等电子元件的工况进行分析，这就是发动机综合分析。它是一般维修厂必不可少的专用仪器。示波器类型分为大型发动综合分析仪和小型手提汽车专用示波器。

大型的发动综合分析仪(带废气分析仪的)，如德国的BOSCH、美国的SNAP-ON、SUN等，它们的功能大致差不多，只是价格和数据库上的差异，这种大型的分析仪图像清晰，但价格较贵。

小型的手提汽车专用示波器，如泰克的THM570U、SNAP-ONMT2400等，也能进行波形分析，只是界面小，但使用方便灵活，价格便宜，对于中小维修厂非常适用。

4. 压力测试组

燃油压力、气缸压力、转向助力泵压力、自动变速器油压、ABS压力、机油压力的测试都离不开压力测试，压力测试也是现代维修厂必不可少的专用仪器。

5. 四轮定位仪

四轮定位仪是方向跑偏、转向沉重、方向盘抖动、轮胎不规则磨损等故障的检测诊断必不可少的专用仪器。

6. 喷油器清洗机

由于燃油的品质原因，汽车使用一段时间后，喷油器可能发生堵塞，当喷油器发生堵塞后，可用喷油器清洗机来清洗，如图5.4所示。

图5.4 喷油器清洗机

7. 冷媒回收加注机

汽车空调制冷系统维修需要使用冷媒回收加注机。

5.2 汽车维修企业的设备管理

5.2.1 设备管理的基本原则

为了保证汽车维修设备始终处于良好的技术状况，充分发挥设备潜力，提高工作效率，维修企业的设备管理应遵守如下基本原则。

（1）专人负责，实行定人定机，实行岗位责任制。

（2）设备操作人员必须经培训合格后方可上岗。

（3）定期保养，强制维护。

（4）建立设备技术档案。

5.2.2 设备管理制度

（1）厂部设立设备管理员，负责本厂全部机具设备登记入册，建立设备档案，定期进行维修保养，做好记录。保养完毕后，要履行签字、验收手续。

（2）设备管理员要根据实际需要做好机具设备、仪器、仪表的购置计划。经主管领导审批后方能采购。

（3）新购进的设备、工具、仪器仪表，要先经设备管理员、仓库管理员验收，调试合格后方能交付使用。

（4）本厂所有的机具设备、工具、仪器、仪表，要确定使用年限，根据价值大小列入固定资产或低值易耗品。在使用年限内如有丢失、损坏，应予以赔偿，经管理员检验，确属于质量问题，可减免赔偿。

（5）精密仪器指定专人保管、使用，其他人不能随便使用。

（6）固定不能移动的专用维修设备，由专门操作人员保管、维修、保养。所有操作人员需要经培训合格后，才可使用设备。

（7）一般公用的工具，如绞刀等，由仓库保管员保管，使用、借出、归还要详细登记，办理交接验收手续。

（8）每个维修小组使用的成套维修工具、仪器、仪表，使用寿命到期的，经设备管理员审核检验，可以更换新的。

（9）公司每季度要对机具、设备、仪器、仪表进行一次检查，平时要进行抽查，发现问题要及时处理。

（10）日常例行保养。对机器设备进行清洁、润滑、紧固，检查设备有无腐蚀、碰伤、漏油、漏气，以及易损易脱落的零件是否损坏、脱落等。此项工作由设备操作工承担。

（11）重点保养。按保养计划进行，具体内容为：对设备的润滑系统、电器控制系统和易损件进行保养和检查，发现超过磨损范围和故障隐患等情况应及时排除，并填写"设备维修记录单"。

（12）设备的修理。当设备出现故障时，由公司技术部门负责组织进行修理，凭"设备维修记录单"进行维修；若自己没有能力对设备进行维修，可外请有关厂家专业人员到厂修理或送出去修理。

(13) 对长期搁置或因技术无法更新而淘汰的设备，由设备管理员报公司经理批准后进行封存停用。对于无法修复的仪器、设备或由于使用年限已到，由设备管理员报请公司批准后，办理报废手续。

(14) 公司设备仪器的状态分为"完好设备"、"停用设备"、"待修设备"、"报废设备"4种状态。由设备管理员负责标识，做好状态标识的维护工作。

(15) 对于检测式仪器设备应制定相应的检定期，以保证检测的准确度和精确度，检定周期的确定一般依据计量检测部门的要求而定，若无具体规定要求的，可根据公司实际情况和使用说明书进行确定。

(16) 检测式仪器设备的周期检定工作应由国家承认的计量检测部门完成。对于国家尚无具体检定标准和方法的个别仪器设备，应根据使用说明书中的有关要求，采用自行检定或请销售商来检定的办法来完成，并将此形成报告，经公司批准后执行。对于所有的检定记录应分类进行保存。

(17) 根据检测式设备仪器的使用要求，应做好防潮、防震、防磁和环境温度适宜性等工作。需固定放置进行工作的，应规定其安放地点，可以携带搬运的，应注意轻拿轻放，以保证检测设备的正常工作，平时应有专人负责维护保养并确定专人保管的检测式仪器。

5.3 汽车维修设备操作规定

汽车维修企业应对主要维修设备及检测仪器制定操作规定，使设备操作人员能够正确、安全地使用设备，以确保车辆维修的质量。

图 5.5 钻床

5.3.1 钻床

如图 5.5 所示为钻床的外形图，钻床的操作规定如下。

(1) 工作前对所使用的钻床和工具要进行认真检查。操作人员应戴好防护眼镜，严禁戴手套操作。

(2) 安装钻夹时，应清洁钻头及主锥孔，以保证装夹牢固。

(3) 钻头工作时，应用台钳夹住，不准用手直接拿工件去钻孔。需要装卸工件时，均应在停车后进行。

(4) 机床运转，不准隔开转动部位拿取物件。

(5) 停车后当钻头因惯性仍在转动时，严禁用手强行刹车，防止事故发生。

(6) 钻床使用完毕后，应立即关闭电门，现场打扫干净。

5.3.2 砂轮机

图 5.6 为砂轮机外形图，砂轮机操作规定如下。

(1) 砂轮机在开动前，要认真查看砂轮与防护罩之间有无杂物，操作人员应戴好防护眼镜，严禁戴手套操作。

(2)砂轮机开动后,要空转1~2min,待运转正常才能使用,试转时人员不得站在砂轮正面。

(3)磨工件时,不能用力过猛,不准撞击砂轮,在同一砂轮上,禁止两人同时使用,不准在砂轮的侧面磨削。

(4)磨削时,操作人员应站在砂轮机侧面,不要站在正面,防止砂轮崩裂伤人。

(5)对于细小的、大的和手不易握拿的工件,不准在砂轮机上磨削。

(6)砂轮磨薄至原厚2/3时,或磨削成深槽应及时更换或修整,磨损直径超过原尺寸一半时应及时更换。

(7)重新更换砂轮后,需经平衡校验后才能使用。

(8)砂轮机使用完毕后,应立即关闭开关。

图5.6 立式砂轮机

5.3.3 空气压缩机

图5.7所示为空气压缩机外形图,空气压缩机操作规定如下。

(1)空气压缩机的润滑油加至润滑油标志H-L标记的高度中间,严禁在没有润滑油的状态下开机工作,具体品牌应根据说明书推荐的加油范围加润滑油。

(2)空气压缩机应放置在空气流通处,空气压缩机应向箭头方向运行,空载半小时,无故障可逐渐升高压力到额定值(定排气压力到额定值)。

(3)起动时校验空气压缩机气压自动开关的压力工作范围,校验安全阀压力,当达到$10kg/mm^2$压力时,能自动放气即可。

图5.7 空气压缩机

(4)再次起动机器前,保持润滑油标志在H-L标记的高度之间,切不可断油,保养后应更换润滑油和油过滤器,再注入新油。消声器(兼作空气滤清器)按说明书中的保养规定进行。

(5) 每天下班后把放水阀打开,将水放尽。

(6) 当空气压缩机长期停用,达3个星期以上时,应将机内冷却器中的水完全放尽,将所有开口封闭,将安全阀、控制盘等用油纸包好,以防锈蚀。

(7) 每天工作完毕后应切断电源,并保持设备干净整洁。

5.3.4 电焊机

图5.8 电焊机

图5.8所示为电焊机外形图,电焊机的操作规定如下。

(1) 正确操作使用、维修和保养,保证电焊机的良好工作性能并延长使用寿命。电焊机必须放置平稳。

(2) 外壳必须接地良好、可靠,焊接没有结束时,不得拆去接地线,否则可能发生触电事故。

(3) 与其他用电设备共用一个接地装置时,必须采用并联,禁止使用串联(接地线标准截面积不得小于电源输入线的50%)。

(4) 使用时应按要求接好电源输入线和焊接输出电缆。接通电源,将电焊机上的电源开关置于开通的位置,转动电源调节手柄,使电源调到所需值,即可开始焊接。

(5) 必须确定电源电压,然后将电源开关置于相应的挡位上,方能通电,否则会造成电焊机烧毁或不能焊接,长距离焊接必须适当加大电缆的截面积,使电压降不大于4V,从电焊机到工作件的连线不允许用铁板等搭接来代替。

(6) 工作场地附近严禁放置易燃、易爆及其他危险品。

(7) 电焊机使用过程中,必须严格按其负载持续率进行焊接,严禁电焊机超负载工作,以防升温过高而使电焊机烧毁。

(8) 工作完毕或临时离开现场,必须切断电源。下班后应做好设备及场地清洁工作。

5.3.5 压床

图5.9所示为压床的外形图,压床的操作规定如下。

(1) 使用压床前先检查液压油是否达到工作位置。

(2) 各油管接头及活塞油封是否有漏油现象,否则马上更换。

(3) 操作前先将工作中所需的压具、冲头准备到位,并检查压具、冲头表面是否有裂纹,以防止在操作中铁屑飞溅造成人身伤害。

(4) 操作人员最多不超过2人。

(5) 操作中,活塞头部、冲头和被压工件应尽量在同一轴线上,以防因受力不均匀造成不稳现象,使人员受到伤害。

(6) 踩压床踏板应均匀有力,如感觉有任何阻力应立即放开踏板,校正工作位置再继续操作。

(7) 操作过程中应时时观察油压表,一般不超过60MPa,最大不得超过300MPa。

图5.9 压床

(8) 操作完毕后应将压床清洁干净。

5.3.6 举升机

举升机如图 5.10 所示，举升机的操作规定如下。

图 5.10 举升机

(1) 举升机与地面必须要良好贴合、平稳安置，车辆在滑架上的位置和主立柱小车在滑架上的位置的高度必须一致。

(2) 两立柱油腔内注入适量齿轮箱油或 50♯ 机油，两立柱油腔内润滑油每 3 个月更换新油。

(3) 使用电源必须与举升机所要求的电压相同，主电缆必须与安全空气开关连接使用。

(4) 开机时用上下标记电钮，高度为 30cm，检查一下油泵是否出油。上、下全段反复试运二次检查上下限位与撞块是否正常。

(5) 操作时，四叉脚应重心合适位置，锁定安全定位架，严禁超载或产生距离及各种不符合使用要求的违规作业。

(6) 每天下班必须做好举升机的清洁保养工作。

(7) 每 3 个月检查一次执行电器的安全情况，检查举升机的传动部件，发现磨损超过规定限度的应立即更换。

5.3.7 轮胎拆装机

图 5.11 所示为轮胎拆装机的外形图，轮胎拆装机的操作规定如下。

(1) 轮胎拆装机应安装平稳，核对所供电压与机器电缆旁的铭牌上标明的电压是否相同，然后连接电源。

(2) 设备供气压力为 0.3～0.8MPa，并连接气滤的接头，再把空气枪接到油雾器和气滤之间的接头上，经调压阀调到 0.3～0.6MPa 工作。

(3) 轮胎必须放尽余气并平稳放置在四爪夹上，平稳转动机器，直至轮胎完全拆去或安装好。

(4) 钢圈或轮胎边上涂少许润滑油以免撕裂轮边。

(5) 工作气压不得超过 0.6MPa，所有移动部件保持清洁，必要时用汽油清洗，注意润滑，确保拆装器转动灵活，排放气滤中积水，确保马达转动时皮带松紧适度。

(6) 拆装工作完毕必须保持设备清洁，加好润滑油，切断电源、气滤。

图 5.11 轮胎拆装机

5.3.8 轮胎平衡机

轮胎平衡机如图 5.12 所示,轮胎平衡机的操作规定如下。

图 5.12 轮胎平衡机

(1) 平衡机操作人员应经过培训才能进行操作。
(2) 在操作前先检查轮胎和钢圈，进行清洁并拆除旧的平衡块。
(3) 安装车轮：将车轮夹在平衡机法兰盘上，用快速拧紧螺母夹紧，不允许用榔头之类工具敲击。
(4) 启动平衡机转动，提示平衡完成，平衡机转动为自由状态，可脚踏制动板停止，不平衡量和方位显示在屏幕上。
(5) 根据不平衡方位安装平衡块。
(6) 进行运行测试。启动平衡机转动，如果平衡正确，屏幕显示"000"。
(7) 松下快速拧紧螺母，取下轮胎。
(8) 当屏幕出现故障代码时，要进行机器标定。标定方法按说明书进行。
(9) 每年进行一次计量检定。

5.3.9 车身校正设备

车身校正设备如图 5.13 所示，车身校正设备的操作规定如下。

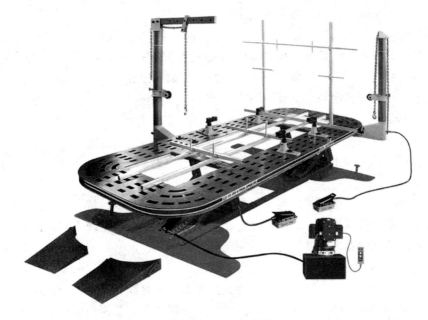

图 5.13　车身校正仪

(1) 设备操作前应清理场地，平台及周边不能堆放杂物，整理油、气管路，防止操作时挤压管路。
(2) 检查油、气管路各接头是否连接好，管路是否有破损，如有破损及时更换，严禁继续使用。
(3) 液压油泵使用 3 个月后必须更换液压油，加注长城 46，Mobil-30、BP-32、Shell-32、Esso-32、Caltex-32 等优质抗磨液压油；换油时打开油箱，油箱底部脏物要清理干净。
(4) 油泵气源要求无尘、无水，必须在气路加油水分离器，油水分离器 3 个月更换滤芯；气压在 0.5~0.8MPa；每次使用前要排水。

(5) 检查塔柱滚动滑轮固定螺栓是否松动，若松动请及时拧紧，以免塔柱滑落造成人员物品损伤。

(6) 上下车操作规程。

① 平台升降时设备附近严禁站人，车上下时必须有人在旁边指导，车辆停靠在平台指定位置。

② 平台升降应操作平稳，平台轮腿油缸无节流阀时，严禁全开油泵泄压阀。

③ 起降平台时，塔柱固定在平台另一端，防止滑动；二次举升放置在靠近活动腿一侧。

④ 汽车在平台上时变速杆要放在驻车挡位置，轮胎前后用三角木垫好。

⑤ 平台活动支腿锁止锁在平台升起后必须锁死。

(7) 车辆固定操作规程。

① 夹具夹紧前检查钳口，应无油污、杂物。

② 检查夹具各部位是否有变形、裂纹，如有变形、裂纹则需要更换，防止夹具受力断裂飞出伤人。

③ 主夹具固定螺栓、钳口紧固要完全拧紧。

(8) 测量操作规程。

① 量具应轻拿轻放，切勿碰撞，以防量具变形、损坏。

② 测量读数时，眼睛与读数部位平行，减少读数误差。

③ 测量完毕，量具应马上放回工具车原处。

④ 量具固定、连接螺丝松动后，重新拧紧不要力量过大。

(9) 拉伸操作规程。

① 拉伸操作前，检查链条、钣金工具、拉环是否完整，没有破损、裂口、大划伤，方可使用。

② 拉伸时塔柱紧固螺栓要拧紧，导向环高度不能超过警戒红线。

③ 检查链条、锁紧机构，链条不能扭曲，所有链节在一条直线上；导向环手轮拧开。

④ 拉伸时注意拉伸力不要超过工具额定载荷。

⑤ 拉伸时，不要敲击钣金工具及链条。

⑥ 拉伸时，相关人员不要与链条受力方向在同一条直线上。

⑦ 当拉伸力比较大时，应在拉力方向相反一侧用链条把车辆固定在平台上。

(10) 设备使用完毕后，要清理场地，钣金工具、量具、夹具等物品要擦拭干净后整齐有序地放回工具车上。

5.3.10 废气分析仪

废气分析仪如图5.14所示，废气分析仪的操作规定如下。

(1) 接通仪器电源，打开电源开关。

(2) 仪器进行分段测试，预热3分钟。

(3) 将取样探针用密封塞密封，进行泄漏测试（每次开机后进行一次）。

(4) 泄漏测试无故障后进入等待测试模式。

(5) 发动机废气分析测试必要条件。

① 排气管不能有泄漏。
② 发动机须预热(水温须大于 85℃)。
③ 点火正时应调整到标准参数。
④ 发动机由怠速工况加速至 3500~4000rad/min，维持 60s 后下降至怠速状态。

(6) 将取样探针插入排气管的深度 400mm，按下仪器泵开关进行测试。

(7) 当屏幕显示测试结果后，按"打印"键，打印结束后立即取出取样探针，等 10s 后，按泵开关，使仪器恢复等待测试模式或关机。

(8) 废气测试怠速标准：HC 值≤400ppm；CO 值≤1.5%。

(9) 每年进行一次计量检定。

图 5.14 废气分析仪

5.3.11 电脑检测仪

如图 5.15 所示，以常用的 VAG1552 为例说明电脑检测仪的正确操作方法。

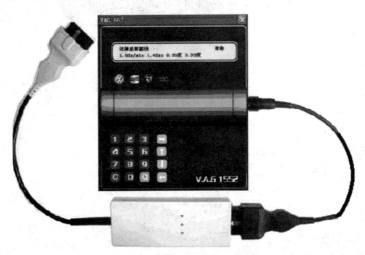

图 5.15 电脑检测仪

(1) 使用前将 16 针测试导线，信号联机电缆和打印电缆正确地插在相应插头中。

(2) 本仪器插头较多，不可接错。

(3) 本仪器操作前，先将点火开关打到 OFF 挡，再将测试导线插入诊断插座，然后再将点火开关打到 ON 挡进行测试。

(4) 用本仪器，按键须平稳，应等中文显示稳定后方可进行下一步操作，切忌快速抖动按键，否则会产生漏屏，以免损坏仪器。

(5) 使用打印机时应正确连接电缆，将打印机放在适当位置，抽出纸盒将 A4 纸平整地放入，每次最多放 50 张。

(6) 测试结束后先将点火开关打到 OFF 挡后，再拔出诊断插头，请勿带电拔出。

(7) 本测试系统属贵重仪器，应小心轻放，打开使用时应水平放置在远离高温的地方（如发动机上）并且注意保护液晶显示屏，如发生故障不要自行拆装修理。

5.3.12 四轮定位仪

四轮定位仪如图 5.16 所示，四轮定位仪的操作规定如下。

图 5.16　四轮定位仪

(1) 检查轮胎及轮胎气压。

(2) 车轮和轮胎尺寸匹配情况、轮胎磨损情况。

(3) 转向拉杆、车轮负载和轴承状态。

① 悬挂状态。

② 检查车轮是否偏摆。

(4) 安装转角盘与侧滑板。

① 利用举升机将车辆举起，距离车轮支承面大约 6cm。

② 将转角盘放到前轮下，侧滑板放到后轮下。

③ 将转角盘锁拔下,并将转角盘与侧滑板稍向内推,同时落下车辆,使轮胎位于转角盘与侧滑板的中心。

车辆就位后,用制动锁锁死脚刹车,车轮从此时起不得有任何转动。

(5) 安装传感器支架。

调节传感器支架下面的两个压紧脚的位置与钢圈尺寸一致。将传感器支架装到轮毂上,将下面的两个压紧脚压紧钢圈外缘,滑动顶部的压紧脚使其压紧钢圈外缘并拧紧星形螺母。将带有钩子的两个可调节臂长度调整合适并将两个钩子靠到轮胎上,两手同时向里推两个压紧杆使两个钩子牢固地勾住轮纹,此时放松两个压紧杆,传感器支架就牢固地固定在钢圈上了。将挂钩挂到轮毂上,防止传感器支架脱落。

(6) 安装传感器。

将传感器装到传感器支架上,带上蝶形螺杆,防止传感器掉下来。

(7) 按照机器预设步骤进行测量。

① 这种测量模式只要求使用"向前一步"键(F3)、"向后一步"键(F2)和"程序停止"键(F4)在测量步骤间移动,用上/下方向键选择屏幕菜单选项,用"向上翻页"/"向下翻页"键进行屏幕翻页,用"回车"键来确定输入或确定屏幕选择。

② 接好主机电源,打开主机后面的开关。机器通过自检后,自动进入主屏。屏幕显示预设测量过程主菜单。按"向前一步"键或其他键进行选择并开始操作。

(8) 技术参数。按四轮定位仪上的参数标准执行。

(9) 用于举升车辆的四柱举升机每年至少校正水平2次,每一年按照机器的提示进行一次保养(具体内容详见说明书)和计量检定。

5.3.13 点火测量仪

当要对发动机的运转进行调试时,测量仪应按下列规定进行操作。

(1) 电源线的连接。分别将测量仪电源线正负极接至蓄电池正极和负极。

(2) 测量仪的自检。每次测量前或对测量产生疑问时,应对测量仪进行自检,自检时只要按下按钮数秒钟即可。

(3) 传感器的连接。按如下规定进行连接。

① 测量仪上点火线圈一号接线柱接头要接至点火线圈第一号接线柱上。

② 测量仪上第一缸接头接线夹应夹在第一缸的高压点火线绝缘外套上。

③ 测量仪上上止点(OT)传感器的探头完全插入变速器罩壳的测试孔内。

(4) 气缸数的预置。气缸数的预置可按气缸预置按钮,本测量仪可预置3、4、5、6、8气缸数。如传感器的接线正确则测量仪将自动登记气缸数,并在气缸数显示屏上显示出来。

(5) 转速的预置。如要对发动机的转速进行预置,则可按测量仪转速预置千位数按钮和百位数按钮,预置间隔为1000rad/min和100rad/min。如要消除发动机预置转速的显示,可短促地按一下自检与预置转速显示消除按钮,发动机预置转速便会消除,显示屏上分别显示发动机即时转速和点火提前角。

(6) 发动机的转速测量。所有接线正确连接,则发动机的转速可在转速显示屏上显示出来。

（7）在测量发动机转速的同时，如要测量闭合角，可按下闭合角显示按钮，则在闭合角/提前角显示屏上显示出闭合角，其数值以百分比显示（分电器的转角）。如要换算成相应的角度数，可再按闭合角显示按钮数秒钟，即可在显示屏上显示出相应的换算值。

（8）点火提前角的测量（用上止点（OT）传感器）。正确连接电源线、信号线及上止点传感器。起动发动机，按下点火提前角显示按钮，则在闭合角/提前角显示屏上显示出的数值为点火提前角（曲轴转角）。如数字前有"一"号，则说明点火在上止点前。

（9）每年进行一次计量检定。

5.3.14 烤漆房

烤漆房如图 5.17 所示，烤漆房的操作规定如下。

图 5.17 烤漆房

（1）进烤漆房的汽车必须完成有关的前道准备工作，方可进入烤漆房。

（2）烤漆房内不能进行打磨作业，除必要的喷漆工具放在房内规定处外，其余闲杂物品一律不许带入烤漆房，烤漆房内严禁烟火。

（3）操作人员必须严格遵守操作规程，并经过有关的培训考核后才能上岗。

（4）烤漆房所用燃油不准掺入其他燃料，并落实防火措施。烘漆过程应注意保证燃油的需要量，发现缺油及时补充，防止缺油点火而造成油泵损坏，经常检查燃油过滤芯，发现颜色变黑时要立即更换。

（5）整个烘漆过程应有人员进行监控，发现异常（如异响、冒黑烟、点火不正常、温控失灵等）应立即关闭电源，报专责的设备维修员和设备管理员，不许擅自拆装。

（6）本设备的保养责任人应负责烤漆房内部的清洁，定期清理烤漆房内四壁（含玻璃）上的漆雾、漆沫。烤漆房内上滤网每半年或视情更换一次，以保证烤漆房内的气流正常循环，从而保证产品的质量。

（7）烤漆房的温控系统每年进行检定，该项工作由专责设备管理员负责。

5.3.15 灯光检测仪

灯光检测仪如图 5.18 所示，灯光检测仪的操作规定如下。

图 5.18 灯光检测仪

（1）被检测车辆乘坐一名驾驶员，同时检查轮胎气压是否符合规定。
（2）被检测车辆前照灯应在检测仪前一米处停放，尽可能保持与导轨的垂直。
（3）被检车辆的灯应清洁。
（4）经常检查仪表指针是否在机械零点，失准调整。
（5）检查水准器有无气泡和气泡的位置，发现异常及时调整。
（6）检查支柱、升降台等机构动作是否灵活、弯曲、变形、生锈。
（7）每季检查导轨移动，检验器材并观察导轨弯曲水平情况。

5.3.16 半自动气体保护焊机

半自动气体保护焊机如图 5.19 所示，其操作规定如下。

图 5.19 半自动气体保护焊机

（1）操作人员必须经培训合格才能上岗。
（2）焊机外壳接地良好、可靠。焊接没有结束不得拆去接地线，否则可能发生触电事故。

（3）用主动开关接通焊机，通电时机器面板有指示灯亮。

（4）调节电压开关有两个，一个调压开关分为左右两挡，即为减小挡和增大挡，另一个调压开关共有七挡，电压依次增大。电流分为两挡，A挡大，B挡小。

（5）用电位器调节速度，焊柱的扳机开关控制焊接停止。

（6）二氧化碳、氩气都是高压气体，搬运要小心、轻放。工作前要检查压力表与调压阀，有异常情况要停止工作，并挂上设备状态标识牌。气流一般在8L～10L之间。

（7）二氧化碳工作时用加热器，加热器的开关位于焊机后板上，指示灯亮才可工作。

（8）焊机工作要带防光口罩，工作场地严禁放置易燃、易爆等其他危险品。

（9）设备使用完毕后必须清理，保持工作场地干净。

5.3.17 悬挂拆装机

悬挂拆装机如图5.20所示，悬挂拆装机的操作规定如下：

（1）工作前必须检查拆装机的压杆、插销、减震器是否正常，如有问题，停止使用并进行设备状态标识。

（2）操作时，插销应固定有效。

（3）操作时，施工人员不允许正面对着压杆或减震器弹簧上方，防止造成意外。

（4）拆装机工作周围不许堆放其他物品，要保持一定的工作空间。

（5）工作完成后要清洁环境，保持机身的清洁。

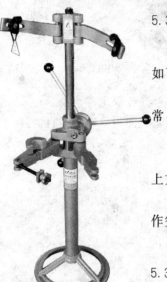

图5.20 悬挂拆装机

5.3.18 提升机

提升机的操作规定如下：

（1）非仓库人员不得操作提升机。

（2）吊笼内配件堆放应整齐，体积不能过大，不能超出吊笼。

（3）严禁超载使用（起重物不超过0.5t），严禁载人或人、物同载。

（4）货物起吊后应关闭安全推门，待吊笼停位稳当后，方可开启安全推拉门。

（5）提升机不工作时，不允许起重物悬于空中，要降在地面。

（6）严格执行保养计划，如发现故障，应立即切断主电源，并停止工作报修。

（7）保持提升机的清洁工作，不应留有杂物和污垢。

5.3.19 钣金整形机

钣金整形机如图5.21所示，钣金整形机的操作规定如下：

（1）使用前，检查整形机的搭铁线是否连接牢固。

（2）连接380V工作电压。工作选择调节到"5"挡位，熔植时间调节到0.3～0.8s。

（3）检查熔植正极扶手的操作手柄工作是否灵活。

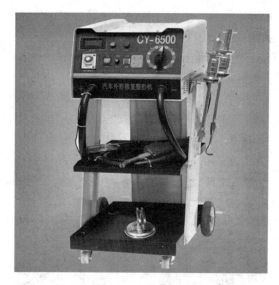

图 5.21　钣金整形机

（4）处理待修车身表面，到露出金属表皮，准备好"6"型号的熔植垫片，负极搭铁，用手柄夹住垫片开始熔植。

（5）熔植时应注意选择车身流线在凹坑最深处先整形，然后取反锤勾住垫片，向外并垂直于整形表面勾打，同时辅助以钣金锤敲打高处，以使表面达到一个平面高度。

（6）如此反复，最后取钣金锉或电动角磨机处理表面，使最高点铁皮磨薄，再用钣金锤敲打高点，交车。

（7）使用时应注意，熔植时有火花飞溅，应带上防护眼镜和手套，另外火花温度较高且到处飞，工作前应将附近场地处理干净，以免失火。

（8）工作结束，收拾工具及熔植垫片，打扫干净工作场地。

5.3.20　干磨机

干磨机如图 5.22 所示，干磨机的操作规定如下。

图 5.22　无尘干磨机

(1) 准备工作：为系统提供独立电源及气源。电源：220V/16A，气源：6bar。

(2) 按说明书安装系统，调试伺服系统。

(3) 工作时控制模式旋钮旋到自动挡，分别打开气源、电源，调节好转速即可进行打磨工作。

(4) 用后关闭电源、气源，整理好工具。

5.3.21 红外线烤灯

红外线烤灯如图5.23所示，红外线烤灯的操作规定如下。

图5.23 红外线烤灯

(1) 准备工作：工作电压230V，50Hz。

(2) 按使用说明书安装工具，调试。

(3) 工作时可选择合适挡位，各挡光线强度分别为550W、1100W、1100W、2200W，根据需要适当调节。

(4) 用完后关掉电源，整理好电线。

5.3.22 134A加注机

将加注机置于待修车辆前，观察各表针应都指在"0"位置。检查各管接头均无泄露后可开始操作。

1. 抽真空

(1) 将仪器接上电源(220V)，将仪器上的高压管(红色)、低压管(蓝色)分别用快速接头接到待修车辆上。

(2) 打开快速接头上的阀门，打开仪器上的高低压管路上的阀门，打开仪器上的真空阀门，打开真空表阀门。

(3) 按起动键，使仪器开始工作。大约10min后，观察仪器上的高低压表及真空表，此时真空度应达到101kPa。

(4) 关闭仪器上的高低压管路阀门，关闭仪器上的真空泵阀门。

(5) 观察真空表上的指针，没有回落则证明汽车空调系统无泄漏。抽真空完毕，关闭真空表阀门。

2. 加注

在抽完真空后将仪器上的黄色维修管接于134A储藏罐上,然后打开仪器上的高低压阀门,打开仪器上的总加注阀门,打开罐体上的总阀门,开始加注。观察高低压表,压力会有明显上升。等到高低压表不再上升时,关闭高低压管上的阀门,然后启动汽车发动机,打开空调,打开低压管上的阀门,继续充注至标准质量。然后依次关闭管体的总门,仪器上的加注阀,低压阀和快速接管上的阀门,最后断开管路,加注结束。

5.3.23 冷媒回收加注机

冷媒加注机品牌较多,如图5.24所示,现以常用的ROBINAIR牌冷媒回收加注机为例,说明冷媒加注机的操作规程。

图 5.24 ROBINAIR 牌冷媒回收加注机

1. 回收

将仪器上的高低压管用快速接头接到车辆上,打开快速接头阀门,打开高低压阀门,打开回收阀门,按仪器上的"F"(选择键),选择回收标识闪亮,按下起动停止键2s仪器显示回收克数,此时可用"↑"、"↓"键调整到所需的值,按起动停止键,仪器开始工作,打开工作罐上的低压阀门,开始回收,当回到预先标定的数值后,仪器自动停止。

2. 抽真空

将仪器的高低压管用快速接头连接到车辆上,打开快速接头的阀门,打开仪器上的高低压阀门,打开抽真空阀门,按"F"键,选择抽真空标识闪亮,按起动停止键,仪器显示抽真空的时间,此时可根据需要,按"↑"、"↓"调节时间,然后按起动停止键确认,当抽真空到预先设定的时间后,仪器自动停止,抽真空完毕。

3. 加注

将仪器的高低压管用快速接头接到车辆上，打开快速接头阀门，打开仪器上的高低压阀门，按"F"键选择，选择加注标识闪亮，按起动停止键，仪器上显示所需加注的134A质量数，此时可用"↑"、"↓"键进行调节，按起动停止键，打开工作罐上的高低压阀门，仪器开始自动充注，当充注到预先调定的质量后自动停止。

4. 加注冷冻油

在抽完真空后，打开快速接头上的阀门，打开仪器上的高低压阀，打开冷冻油上的阀门，冷冻油自动吸入，冷冻油壶上有刻度，加入量可由初始液面刻度减去加注后的液面刻度来获得。

手表定律（Watch Law）

手表定律是指一个人有一只表时，可以知道现在是几点钟，而当他同时拥有两只表时却无法确定。两只表并不能告诉一个人更准确的时间，反而会使看表的人失去对准确时间的信心。

手表定律在企业管理方面给我们一种非常直观的启发，就是对同一个人或同一个组织不能同时采用两种不同的方法，不能同时设置两个不同的目标，甚至每一个人不能由两个人来同时指挥，否则将使这个企业或者个人无所适从。

生活启示：在现实生活中，我们也经常会遇到类似的情况。比如两门选修课都是你所感兴趣的，但是授课时间重合，而且你又没有足够的精力学好两门课程，这个时候你很难做出选择。择业时，地点、待遇不分伯仲的两家单位，你将何去何从？在人生的每一个十字路口，我们都要面对"鱼与熊掌不能兼得"的苦恼。

在面对矛盾选择的时候，我们推荐使用"模糊心理"。所谓"模糊心理"，就是在一个很难决策的情况下，以潜意识的心理为主要基调，做出符合潜意识心理的选择。

心理学研究表明，"模糊心理"实际上是人在成长过程中不断积累的一种心理沉积。也许你并不能说出一条明确的原因，但是通过心理的潜意识，一般情况下可以做出最符合个体心理需求的决定。这里说的潜意识，实际上就是我们常说的第一印象。"模糊心理"在矛盾选择面前，能够提供给我们最安全的心理保护，因而是值得提倡的。

管理启示：汽车维修企业在为客户服务，当"企业利益"与"客户利益"发生冲突时，就不能采用"模糊心理"来处理问题了。面对这样的问题，不能为了眼前的小利而失去了客户，而要坚持"客户永远是对的"的原则，坚信我们舍去了眼前的小利，最终得到的是终身信赖我们的客户。

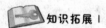

汽车保修

1. 保修的意义

保修是特约维修站对在质量担保期内损坏的车辆进行免费维修，并由汽车生产商对特约维修站的维修费用进行结算的服务方式。费用主要包括车辆正常保修的材料费、工时费，外出救援的交通、住宿等费用。

质量担保的目的，一是使客户对生产商的产品满意，二是使客户对生产商和经销商的售后服务满意，这两个因素是维护公司和产品信誉以及促销的基础。其中，客户对售后服务是否满意最为重要。

2. 整车保修

以一汽-大众汽车有限公司大众捷达轿车为例。

1) 整车质量担保

整车质量担保的起始时间为：自汽车购买之日(以购车发票为准)起计。

(1) 属于出租营运用的新购捷达轿车质量担保期为 12 个月或 100000km(以先达到者为准)。

(2) 除出租营运外的所有其他用途的新购捷达轿车质量担保期为 24 个月或 60000km(以先达到者为准)。

(3) 质量担保期内，若客户变更轿车用途，轿车享受原质量担保期，期限和里程不作变更。

2) 整车保修条例

因产品质量原因造成的故障无法消除，而其他补救措施对客户而言又不尽合理，在这种情况下给客户换车是恰当的做法，也是建议采用的措施。

3) 以下情况可以申请整车保修

(1) 车辆故障由重大的产品质量缺陷引起，且故障无法完全排除。

(2) 车辆故障由重大的产品质量缺陷引起，车辆的修复达不到国家相关技术标准。

(3) 客户提车不超过24h，就发现重大车辆故障(由客户提出后，经公司质保、产品及售后等技术部门确认后，确属质量缺陷，而且客户强烈要求换车的)。

4) 以下情况不能整车保修

(1) 车辆行驶超过质量担保期。

(2) 车辆没有按规定定期保养或操作、使用不当。

(3) 车辆发生过交通事故。

遇特殊情况需办理保修的，经销商必须请示汽车生产商的售后服务及其主管部门批准，签字生效后办理。

3. 配件保修

以一汽-大众汽车有限公司大众捷达轿车为例。

1) 配件质量担保

零件自从一汽-大众特约经销商购买(以发票为准)并在特约经销商处安装之日起，质量担保期为 12 个月或 100000km(以先达到者为准)。

2) 捷达特殊件的质量担保期(以先达到者为准)

控制臂球头销为 12 个月或 60000km。

前后减振器为 12 个月或 60000km。

等速万向节为 12 个月或 60000km。

喇叭为 12 个月或 60000km。

蓄电池为 12 个月或 100000km。

氧传感器为 12 个月或 70000km。

防尘套(横拉杆、万向节)为 12 个月或 60000km。

三元催化转换器为 24 个月或 50000km。

3) 捷达易损件的质量担保期(以先达到者为准)

灯泡为 6 个月或 5000km。

轮胎为 6 个月或 5000km。

火花塞为 6 个月或 5000km。

全车玻璃件为 6 个月或 5000km。

前制动摩擦衬片、后制动蹄片为 6 个月或 5000km。

风窗雨刮片为 1 个月或 1000km。

4)凡以下原因造成的损坏不属于质量担保范围
(1)车辆在非一汽-大众特约经销商维修过。
(2)车辆装有未经一汽-大众许可使用的零部件,或车辆未经一汽-大众许可改装过。
(3)车辆使用中未遵守(《使用说明书》、《保养手册》、《7500km免费保养凭证》)的使用规定或超负荷使用(如用作赛车)。
(4)由于使用不当或滥用车辆造成的损坏也不在质量担保范围之内。
(5)交通事故造成的损坏。
5)其他条件
(1)由于经销商本身操作不当造成的损伤,经销商应承担责任并进行必要的修复。
(2)一汽-大众的售后服务网络必须使用一汽-大众配件科提供的指定型号机油,否则不给予首保费用和办理发动机及相关配件的保修。
(3)保修期间的间接损失(车辆租用费、食宿费、营业损失等)均不予赔偿。
(4)质量担保只根据技术要求进行修复或更换,更换下的零部件归一汽-大众汽车有限公司所有。
(5)经销商从一汽-大众汽车有限公司配件科订购的配件在未装车之前发生故障,请各经销商向一汽-大众汽车有限公司配件科保修。
(6)关于常规保养。一汽-大众汽车有限公司或客户已支付其费用,经销商有责任为客户的车辆做好每一项保养工作。如果客户的车辆在经销商保养后,对保养项目提出保修要求,应由经销商自行受理。

知识扩展 2

汽车召回

召回指按照《缺陷汽车产品召回管理规定》要求的程序,由缺陷汽车生产商进行的消除其产品可能引起人身伤害、财产损失的过程,包括生产商以有效方式通知经销商、维修商、车主等有关方面关于缺陷的具体情况及消除缺陷的方法等事项,并由生产商组织经销商、维修商等通过维修、更换、收回等具体措施有效消除其汽车产品缺陷的过程。

国家质量监督检验检疫总局(以下称主管部门)负责全国缺陷汽车召回的组织和管理工作。国家发展和改革委员会、商务部、海关总署等国务院有关部门在各自职责范围内,配合主管部门开展缺陷汽车召回的有关管理工作。各省、自治区、直辖市质量技术监督部门和各直属检验检疫机构(以下称地方管理机构)负责组织本行政区域内缺陷汽车召回的监督工作。主管部门会同国务院有关部门组织建立缺陷汽车产品信息系统,负责收集、分析与处理有关缺陷的信息。经营者应当向主管部门及其设立的信息系统报告与汽车产品缺陷有关的信息。主管部门应当聘请专家组成专家委员会,并由专家委员会实施对汽车产品缺陷的调查和认定。根据专家委员会的建议,主管部门可以委托国家认可的汽车产品质量检验机构实施有关汽车产品缺陷的技术检测。专家委员会对主管部门负责。主管部门应当对生产商进行的召回过程加以监督,并根据工作需要部署地方管理机构进行有关召回的监督工作。生产商或者主管部门对已经确认的汽车产品存在缺陷的信息及实施召回的有关信息,应当在主管部门指定的媒体上向社会公布。缺陷汽车产品信息系统和指定媒体发布的缺陷汽车产品召回信息,应当客观、公正、完整。从事缺陷汽车召回管理的主管部门及地方管理机构和专家委员会、检验检疫机构及其工作人员,在调查、认定、检验等过程中应当遵守公正、客观、公平、合法的原则,保守相关企业的技术秘密及相关缺陷调查、检验的秘密;未经主管部门同意,不得擅自泄露相关信息。

一、缺陷汽车产品召回的期限

整车为自交付第一个车主起,至汽车生产商明示的安全使用期止;汽车生产商未明示安全使用期的,或明示的安全使用期不满10年的,自经销商将汽车产品交付第一个车主之日起10年止。

汽车产品安全性零部件中的易损件,明示的使用期限为其召回时限;汽车轮胎的召回期限为自交付第一个车主之日起3年止。

二、判断汽车产品缺陷的原则

(1) 经检验检疫机构检验安全性能存在不符合有关汽车安全的技术法规和国家标准的。

(2) 因设计、制造上的缺陷已给车主或他人造成人身、财产损害的。

(3) 虽未造成车主或他人人身、财产损害，但经检测、试验和论证，在特定条件下缺陷仍可能引发人身或财产损害的。

三、缺陷汽车产品召回程序

按照生产商主动召回和主管部门指令召回两种程序的规定进行。

生产商自行发现，或者通过企业内部的信息系统，或者通过经销商、维修站和车主等相关各方关于其汽车产品缺陷的报告和投诉，或者通过主管部门的有关通知等方式获知缺陷存在，可以将召回计划在主管部门备案后，按照本规定中主动召回程序的规定，实施缺陷汽车产品召回。

生产商获知缺陷存在而未采取主动召回行动的，或者生产商故意隐瞒产品缺陷的，或者以不当方式处理产品缺陷的，主管部门应当要求生产商按照指令召回程序的规定进行缺陷汽车产品召回。

3C认证、召回、三包之间的关系和区别

一、3C认证

3C认证是"中国强制性产品认证"的简称，英文名称为"China Compulsory Certification"，简称为"3C"认证。

3C认证标志

3C认证是我国政府按照世贸组织有关协议和国际通行规则，为保护广大消费者人身和动植物生命安全，保护环境、保护国家安全，依照法律法规实施的一种产品合格评定制度，主要特点是：国家公布统一目录，确定统一适用的国家标准、技术规则和实施程序，制定统一的标志标识，规定统一的收费标准。凡列入强制性产品认证目录内的产品，必须经国家指定的认证机构认证合格，取得相关证书并加施认证标志后，方能出厂、进口、销售和在经营服务场所使用。

3C认证是中国质检总局和国家认监委与国际接轨的一个先进标志，有着不可替代的重要性。从2002年5月1日起，国家认监委开始受理第一批列入强制性产品目录的19大类132种产品的认证申请。汽车及其安全附件、轮胎在此之列。

3C认证标志并不是质量标志，而只是一种基础的安全认证。

二、"召回"与"三包"

认证是市场的准入制度，属于前市场管理，而召回属于后市场管理。但是，产品经过认证不等于就已经进入保险箱。一些在设计或制造时造成的缺陷只有在汽车使用过程中才能发现，发现后可以用召回的方式来消除这些可能损害人身、财产安全的缺陷。三包针对的是个别的、偶然的问题；召回解决的是某一批次中同一性的不合理危险。

1. "召回"与"三包"要解决的问题不同。

"召回"要面对的，是由于设计或制造原因而造成的质量缺陷；"三包"是针对个别消费者的个别问题。

2. "召回"和"三包"适用法律不同。

实施"召回"是政府按照被授予的权力依法行政，属于行政法律责任；"三包"规定中既有行政法规的规范性要求，也有《民法》中违约者要承担民事法律责任的内容。

3. "召回"和"三包"的立法宗旨不同。

"召回"是为了捍卫公共利益，"三包"是为了防止经营者损害个体消费者的利益。

本 章 小 结

汽车维修设备一般可以分为：汽车诊断设备、检测分析设备、养护清洗设备、钣金烤漆设备、保养用品、维修工具、轮胎设备、机械设备等。

对于一个普通的汽车维修企业，在选购仪器设备时要认真规划，结合自己企业的实际情况，做到生产上适用、技术上先进、经济上合理、使用上安全即可。

为了保证汽车维修设备始终处于良好的技术状况，充分发挥设备潜力，提高工作效率，维修企业设备管理应遵守如下基本原则：专人负责，实行定人定机，实行岗位责任制。设备操作人员必须经培训合格后方可上岗，定期保养，强制维护，建立设备技术档案。

汽车维修企业应对主要维修设备及检测仪器制定操作规定，使设备操作人员能够正确、安全地使用设备，以确保车辆维修的质量。

思 考 题

1. 简述汽车维修企业设备管理制度的基本内容。
2. 简述汽车维修设备选型的原则。

能 力 训 练

1. 针对某一汽车维修企业的常用设备能够正确操作。
2. 针对某一汽车维修企业，制定汽车维修设备及检测仪器管理的改进方案。

第 6 章

汽车维修企业配件管理

学习目标

知识目标	(1) 了解汽车维修企业配件部门岗位设置及岗位责任 (2) 掌握汽车维修企业配件部门管理目标 (3) 掌握库存管理的评价指标
能力目标	(1) 能够制定配件的保管方案 (2) 能够计算标准库存量与安全库存量

本章导读

现代汽车维修的主要方式是以换件修理为主，主要有以下原因：

首先，汽车上的很多零件在设计时就做成一次性的，如刹车片、减振器、球头等零件，以修理厂的生产设备和工艺是无法修复的，这些零件必须是生产企业严格按照生产工艺标准进行生产，才能保证零部件的质量。

其次，现代汽车基本上是由机械和电子元件构成，机械元件使用一定时间后，出现金属疲劳、磨损，电子元器件使用一定时间后，发生老化损坏，因此科学的维修必须是换件为主。

零配件销售在现代汽车维修产值中占60%以上，是企业获利的主要来源。零配件的备料速度、采购快慢、准确性以及品质优劣，都与业务人员素质、仓库管理水平以及科学的管理程序息息相关，并直接关系到车辆维修工期、出厂质量、客户满意度及企业信誉。

图 6.1 配件库

> **案例导入 1**

　　张先生的丰田佳美车转弯时发出异响，他到某一维修厂检查，经服务顾问检查确认是外球笼损坏，需要更换。服务顾问与库房管理员联系后告诉张先生说："仓库有配件，更换需要 1 小时左右。"张先生说："好，你们抓紧时间吧，我 2 小时后要赶到机场接客人。"维修人员很麻利地将外球笼拆下，并到仓库去领配件。当保管员取出配件后，维修人员发现配件不对。张先生的车带 ABS，球笼上有齿圈，而仓库里的球笼上是不带有齿圈的，说明不是 ABS 车上的球笼。外出购件需 1 小时。当业务接待员向张先生说明情况时，张先生很生气：你们的仓库管理员什么水平，连什么配件都搞不清，能修好车吗？我等不及了，别误了我到机场接客人，赶快给我装起来吧。拆下的球笼防尘套也损坏了，维修厂只好搭上一个防尘套和一瓶润滑脂，将球笼装复。

　　这次服务不仅赔了钱，而且也失去了这位用户。

> **案例导入 2**

　　某维修企业，接待了一辆离合器打滑的汽车，经检查离合器压盘和摩擦片都需更换。维修人员到仓库领了配件并进行了更换，装车后发现离合器不能分离，经检查离合器的其他部件正常，怀疑是新更换的离合器压盘质量不好。经仓库查询得知，该离合器压盘曾装到其他车上使用过，但因同样的故障被拆下。此件本应被放于索赔货区，但由于保管员的疏忽，将该件放到配件货区，而仓库出库时又没有认真检查，导致此次事故的发生。因此，仓库的新件和旧件、合格和不合格配件，一定要严格区分，以免出库时产生问题，影响整个维修质量。

6.1　概　　述

6.1.1　汽车配件管理部门的功能

　　（1）满足汽车维修所车间需求的各种汽车配件，确保汽车维修车间生产正常进行，防止以工待料。

(2) 提供各种汽车配件、附件,对于预约件要保证型号正确、到货及时,确保客户满意。

(3) 建立优质的库存管理系统,降低库存成本,确保库存合理化。

(4) 建立汽车配件反馈信息,为汽车配件的采购提供科学依据。

(5) 为前台及服务顾问提供配件库存及销售价格信息,确保前台及服务顾问为顾客提供准确的维修信息。

6.1.2 汽车配件的分类

1. 配件

汽车配件通常可分为低值易耗件、一般配件、基础件、重要总成及辅料等。

(1) 低值易耗件:是指在维修过程中常用的消耗性的零件,如灯泡、继电器、火花塞、刹车蹄片、减震器、全车皮带、轴承及各种滤芯等。常用的低值易耗件如图6.2所示。

图 6.2 常用的低值易耗件

(2) 一般配件:是指在维修过程中必须更换的零件,如活塞、气门、空气流量计、怠速阀、喷油器、汽油泵、灯具总成、雨刮器电机、冷却风扇电机、门锁电机、各类传感器及电控单元等。

(3) 基础件:如气缸体、曲轴、凸轮轴、飞轮壳、后桥等。

(4) 重要总成:如发动机总成、变速器总成、车架总成、空调泵总成、转向器总成、发电机总成、起动机总成等。

(5) 辅料,指在汽车维修过程中使用的辅助性材料,常用的辅料如图6.3所示。辅料通常包括以下几种。

① 通配料:各种标准件,如螺栓螺帽、垫圈、开口销等。

② 油润料:指燃油、清洗油及各类润滑油。

③ 漆料:填料、溶剂、涂料与面漆等。

图 6.3　常用的辅料

2. 附件

附件也叫汽车用品或汽车装潢品，是指汽车在使用过程中延伸功能的系列产品，常用汽车附件如图 6.4 所示。附件主要包括以下几类：

（1）舒适类汽车电子产品：如车载导航仪、车载影音、车载冰箱。

（2）汽车安全类电子产品：如防盗器、倒车雷达。

（3）汽车美容养护及装饰用品：车蜡、轮毂、坐垫、汽车香水、装饰类工艺品等。

图 6.4　常用汽车附件

3. 纯正件

汽车制造企业从配套生产厂购买而作为售后维修件售出的配件称为纯正件，纯正件质量有保证，但价格昂贵。

4. 副厂件

分为配套厂件、进口副厂件和国产副厂件三种。

（1）配套厂件：即汽车制造企业原配套生产厂生产的配件，与纯正件源自一家，质量相同，仅包装有别，但价格相对比较便宜。

（2）副厂件：是汽车制造企业配套厂以外其他企业根据市场的销售情况，对一部分原厂件进行仿制生产的配件，价格较低，质量无法保证。

5. 纯正附件

纯正附件是指由汽车制造企业根据新车特点，专门为客户设定并与新车同步开发、销售的附件。纯正附件的作用在于满足客户日益发展的个性化需求。

6.1.3 汽车配件部门岗位设置及岗位责任

根据经营规模，汽车维修企业配件部门的岗位设置人员有：配件主管、计划员、采购员、库房管理员、配件销售员等职位。各主要岗位的职责如下。

1. 配件主管岗位职责

（1）负责完成配件销售任务及利润指标。

（2）根据公司的经营目标及整体运作方式，合理制定配件的营销政策，并付诸实施。

（3）督促工作人员做好配件的经营和管理，合理调整库存，加快资金周转，减少滞销品种。

（4）协调计划、采购、调度、入库、配送和库管（各）岗位（之间）的工作关系，明确工作流程，保证各环节工作的畅通，不断提高配件供应的满足率、准确率、完好率。

（5）协调同其他业务部门的关系，确保维修业务及其他配件销售业务的正常开展。负责处理由于配件质量引起的投诉事宜。

（6）配合公司本部参与激励制度的制定，并负责配件从业人员的业绩考核及业务培训。

（7）定期组织召开周例会，总结成绩，克服不足。

2. 计划员岗位职责

（1）配合部门经理完成配件销售任务及利润指标。

（2）计划员应与厂家、供货商保持良好供求关系，了解掌握市场信息。

（3）掌握配件的现有库存和保险储备量，适时做出配件的采购计划和呆滞配件的处理方案，熟悉维修业务对配件的需求，确保业务的正常开展。

（4）占用资金量大的 A 类件，要实行"货比三家"的原则，作到质优价廉，并通过分析比较，制定出最佳定货单。保证不断档，积压量最小。

（5）根据供应和经营情况，适时做出库存调整计划，负责做好入库验收工作。对于购入配件质量、数量、价格上存在的问题，做出书面统计，并监督采购人员进行异常处理。

（6）负责供货商应付账款账目，及时作好微机账目。负责保管全部进货明细单、提货单、入库单并归类保存；临时管理进货发票及运单。负责同财务、业务往来单位的账务核对。

（7）及时做好配件的入库工作，以实收数量为准，打印入库单。负责配件相关的财务核算及统计工作。

3. 采购员岗位职责

（1）配合部门经理完成配件销售任务及利润指标。

（2）对计划量进行审核，做好计划的延续和补充工作，对配件供应的及时性、正确性负责。

（3）以低成本高品质为目标，积极开发配件配套厂家，降低采购费用，提高采购效率。

（4）建立采购供应的业务档案，掌握不同运输方式的运输天数、费用等，进行定量分析，确定最佳采购方案。

(5)加强采购管理,适时、适量、适质、适价,与厂家保持良好的关系;按计划采购,特殊情况有权做临时调整。

(6)采购过程中,要强化验货工作,对配件的品牌、规格、数量等都要做到准确无误,认真完成配件的第一次检验工作。

(7)入库验收工作中,采购员要协同计划员、库管员作好配件的第二次检验工作,对配件质量、品牌、规格、价格等问题作合理解释。

(8)负责配件质量、数量的异常处理,及时做好索赔、退货及退换。

(9)对急件、零星采购件,采购员要进行充分的询价、比价、议价,并按采购程序优先办理。

4. 库房保管员岗位职责

(1)入库前要整理库房,为新到配件的摆放提供空间。

(2)货物入库验收的工作中,库房管理员要认真清点货物的数量,检查质量,同时填写实收货物清单(送货上门),核实无误后签字确认。对于有质量问题的货物,保管员有权拒收。

(3)保管员负责配件上架,按号就座,严格执行有关"配件的保管"规定。

(4)保管员负责填写卡片账,做到账物相符。填写卡片账工作,应在当天完成。

(5)在配件的发放过程中,保管员必须严格履行出库手续,根据调拨员签发的出库申请提取配件,严禁先出货后补手续的错误做法,严禁白条发货。

(6)出库后,保管员根据出库单认真填写卡片账,做到账实相符。

(7)确保库存准确,保证账、卡、物相符。库管员随时对有出入库的配件进行复查。做好配件的月度和季度盘点工作。

(8)因质量问题退换回的配件,要另建账单独管理,及时督促计划员进行库存和账目调整,保正库存配件的准确、完好,督促采购员尽快做出异常处理。

(9)适时向计划员提出配件库存调整(短缺、积压)的书面报告。

(10)保管全部与配件的业务单据、入库清单、出库清单并归类存档。

5. 配件销售员岗位职责

(1)熟悉和掌握各类配件品名、编号、价格、性能和用途,对客户热情周到,及时准确的满足每一客户的需求。

(2)客户提出关于配件的问题(质量、价格、咨询等),能及时准确的回答。

(3)严格执行配件销售价格,不得私自提价或降价(正常的价格降浮除外)。销售配件必须开具相应的出库凭证,不准擅自赊账。

(4)维修领料必须严格执行维修领料流程,维修工领料必有接车单方可领取配件,且必需交旧领新。不得打白条出库。

(5)积极收集客户及维修工反馈回的配件信息,以便计划员、采购员及时的调整配件计划及采购方式。

(6)负责管理柜台物品和及时补充适销的配件库存,及时做出销售业务的配件需求计划。

(7)出库和入库的配件,要及时登卡片账,确保配件库存的准确性。

6. 调度员岗位职责

（1）调度员协同库房管理员、提货人（或配送人员）根据配件出库清单，验收出库货物。出库清单可根据具体库存情况或提货人的临时要求进行调整，并根据配件出库的实际情况补充出库清单。

（2）调度员要督促库房管理员、提货人（或配送人员）在核实无误后的出库清单上签字认可，确保清单与实物相符。

（3）调度员负责应收账款账目和收缴事宜，不得赊销，一律先收款后付货，减少不必要的死账、呆账。

（4）调度员负责应收款往来账目，作好微机账目的处理，及时录入往来票据（收款通知、出库清单、其他收款证明、运输费用）。保管全部配件业务单据、出库清单并归类存档，负责同财务、业务往来单位的账务核对。

（5）调度员协同采购员、库房管理员负责各业务往来单位的质量件退换工作，并严格执行"退件规则"。

（6）随时向采购员、计划员反映业务上出现的有关配件质量、价格、存货等问题，并做出书面报告交计划员。

（7）协同采购员、计划员、库房管理员进行配件验收入库工作，及时掌握配件来货情况，确保不丢失每一份配件订单。

（8）建立并保持与客户的良好合作关系，对客户在配件业务上提出的质疑（质量、价格、业务咨询等），做出合理解释，协调解决，确保不丢失每一位客户。

6.1.4 汽车配件部门管理目标

汽车配件管理部门的具体管理项目及目标如表6-1所示。

表6-1 汽车配件部门的主要管理项目及目标

	管理项目	目标	内容
顾客服务	纯正性	100%	进货渠道
	价格	执行规定价格	零部件
			其他
	满足率	一次工单	零部件
			其他
	紧急订单时间	天数	零部件
			其他
企业内部	订货和销售计划	总值	零部件
			附件
	利润	总值	零部件
			附件
	库存	周转率、周转周期	库存周转次数
	"5S"管理	每日检查	标识、货位、卫生、单据、文件

6.2 库房管理

库房管理包括配件由入库到出库为止的全部过程。在此期间，必须严格执行配件的验收、保管、发放、盘点和旧件回收等制度。

6.2.1 入库验收

（1）计划员负责保管到厂的全部进货明细单；临时管理进货发票及运单。

（2）入库前库房保管员要整理库房，为新到商品的摆放提供空间。

（3）采购员从货场提取货物后，库管员协同计划员、采购员进行验货，主要包括对零配件的数量和质量两个方面的检验。数量验收是查对所到配件的名称、规格、型号、件数等是否与进货清单、运单、发货明细表一致。需进行技术检验来确定其质量的，则应通知企业技术检验部门检验。

（4）采购员核实进货清单，同时对于送货上门、临时采购的要协同保管员填写实收货物清单，核实无误后双方签字；对于有质量问题的货物，保管员有权拒收。

（5）计划员凭进货清单打印入库单，数量以实收为准（如有价格变动应及时调整）。入库单一式五份，保管一份，计划四份（其中二份附进货发票及运单转交财务部门，如票据未到的，应在备查簿中作好登记以备查询，一份交财务记账，一份计划员留存）。

（6）计划员统计本批货物的缺件、坏件、劣质件以及价高件，并反馈给部门经理。采购进行异常处理。

（7）保管员负责配件上架，并根据核对好的入库单据，认真填写卡片账，做到账实相符。填写卡片账工作，应在当天完成。

6.2.2 配件的保管

保证库存配件的准确，节约仓位，便于操作，配件的保管应科学、合理、安全。

（1）分区分类：根据配件的车型，合理规划配件的摆放区域。

（2）五五摆放：根据配件的性质，形状，以五为计量基数做到"五五成行，五五成方，五五成串，五五成包，五五成层"。使其摆放整齐，便于过目成数，便于盘点与发放。

（3）四号定位：按库号、架号、层号、位号对配件实行统一架位号，并与配件的编号一一对应，以便迅速查账和及时准确发货。

（4）建签立卡：对已定位和编制架位号的配件建立架位签和卡片账。架位签标明到货日期、进货厂家、进出数量、结存数量以及标志记录。

（5）凡出入库的配件，应当天进行货卡登记，结出库存数，以便实货相符。

（6）库存配件要采取措施进行维护保养，做好防锈、防水、防尘等工作，防止和减少自然损耗。有包装的尽量不要拆除包装。

（7）因质量问题退换回的配件，要另建账单独管理，保正库存配件的准确、完好。

6.2.3 配件的出库

配件的发放，必须严格执行出库手续。

(1) 配件批发和调拨由调度员签发出库申请单。

(2) 库管员按调度员签发的配件出库申请单提取配件（可根据库存或提货人的要求做临时调整），严禁先出货后补手续的错误做法，严禁白条发货。

(3) 配件出库，如客户自提，调度员应协助保管员和提货人一同清点货物，并负责将货物进行适当包装交于客户；如需配送人员发送，调度员应协助保管员和配送员一同清点货物，由配送员进行包装发运，并根据调整后的配件实际出库情况补充打印出库申请单。核实无误后，三方签字认可。

(4) 出库单一式五份，提货人、调度员、保管员、财务各一份，月底结账一份。配件批售业务中现金回款部分，调度员应将出库清单和现金一同交于收款员，同时签字并加盖财务印章。

(5) 出库后，保管员根据出库单认真填写卡片账，做到账实相符。

(6) 收款员、调度员、保管员必须每日对账，准确无误后，收款员填写日报单，定期送交财务。

(7) 对于配件零售业务，销售员待客要态度端正，言语有礼，严格执行《营业员行为规范准则》，认真介绍产品的性能、特点、价格、质量及保质期等。

(8) 出售配件时必须当面验货（某些不能拆包产品售货员要讲明）。对于某些特殊商品，如电子产品、昂贵电器产品等，要用测试仪测试，双方认可，以避免纠纷。

(9) 所有销售的配件必须开具出库单（包括零售出库单、三包领料单、修理领用单），零售出库单一式四份，顾客一份，保管员一份，其余两份转交财务；三包修理领单一式二份，结算员一份，保管员一份。制单人签字后，收款员凭出库单结算收款，同时签字并加盖财务印章。

6.2.4 配件盘点

库存配件的流动性很大，为及时掌握库存的变化情况避免短缺丢失和超储积压，保持账、卡、物相符，必须进行定期和不定期的盘点工作。

(1) 库管员应随时对有出入库记录的配件进行复查。

(2) 各经营单元每月对配件库存进行一次盘点。

(3) 每季度进行一次有财务参与的全面清点。盘点时应合理安排配件的出入库，以确保盘点的准确性，避免发生重盘、漏盘、错盘现象。

(4) 配件盘点过程中，不准以任何理由虚报、瞒报或私自更改账目。

(5) 盘点结束后，由盘点人员填写盘点报表，对盘盈盘亏的配件要查明原因，分清责任，做出必要的处理。季度盘点后，进行配件的报损申报工作。

6.2.5 领料程序

(1) 维修工持《任务委托书》（工单）到配件处领取修理用配件。

(2) 配件人员根据维修工的需求，收回旧件后，开具一式二联销售小票，注意标明车牌号等。

(3) 维修工签字确认后，持二联小票交结算员签字确认，结算员留存一联、交维修工一联。如属三包业务，应先经三包索赔员签字认可。

(4)维修工持结算员签字后的小票回执(一联),到销售员处取料。

6.2.6 旧件回收

为加强旧件的统一管理,杜绝以旧充新现象,必须严格执行旧件回收制度。

(1)三包、修理领用配件时,配件销售人员必须在领用人交回相应旧件后才可发放新件(三包旧件交给索赔员,三包外旧件交给配件销售员)。

(2)所有收回的旧件要设专人妥善保管,不得随地堆放。三包旧件要建账管理。

(3)顾客索要旧件时(三包外维修),旧件管理人员要擦净、整理后交还顾客。其他旧件,公司将定期做出处理。

6.3 配件的库存管理

6.3.1 配件库存

库存管理不仅是对传统的配件进、出、存的业务管理,更是以支持售后服务,提供优质客户服务为目的地存储、收发、计划与控制。

1. 配件库存

库存是为了将来使用而暂时处于闲置状态的汽车配件。配件库存过多、过少都将对汽车维修企业造成不利影响。

库存过多:资金占用量大、库存空间需要大、易发生库存积压而造成损失。

库存过少:影响维修进度,生产效率低;客户不满意,影响企业形象。

2. 安全库存

安全库存又称缓冲库存,是指为了防止由于生产需求和供货的不确定性,而产生缺货造成生产停止或客户不满意所准备的库存。

3. 死库存

指一年以上销量为零的配件,应报废或者折价处理。

4. 积压件

指半年以上销量为零的配件,应折价调济解决。

5. 滞销件

指3个月以上销量为零的配件,一方面可通过调整订货和服务营销手段来减少库存,另外也可以通过折价调济解决。

6. 低周转配件

库存大于6个月需求的配件或周转率小于1次/年的配件一般称为低周转配件。

6.3.2 库存的评价指标

库存的作用是为了维持维修服务与销售的稳定,应付市场的变化和用户的需求。良好的库存结构可以增加销售,降低营运成本,扩大盈利,并且可以提高客户的满意度。评价库存合理性的指标有：

(1) 库存周转率 = $\dfrac{\text{前 12 月的销售成本总和}}{\text{前 12 个月月平均库存成本}} \times 100\%$

(2) 工单一次满足率 = $\dfrac{\text{一次完全供应了配件的施工单}}{\text{所有有配件需要的施工单}} \times 100\%$

(3) 周转周期 = $\dfrac{\text{平均库存成本}}{\text{平均销售成本}} \times 100\%$

一般来说，做得比较好的汽车维修企业：库存周转率应该在 4～6 之间，工单一次满足率应该大于 95%，周转周期在 1.8～2.2 之间。

6.3.3 库存控制方法

库存投资成本必须同所期望的客户服务水平或缺货成本相平衡。在一个市场变化快、产品更新快、竞争激烈的环境中，形成特色的库存管理模式：在合理的库存范围内，快速满足客户需求，支持公司持续、快速发展。建立合理的库存控制方法，提高了库存管理效率，有利于降低库存。常用的库存控制方法为 ABC 分类管理法。

ABC 管理法的基本原理：对企业库存中的汽车配件按其重要程度、价值高低、资金占用比例等进行分类、排序，将库存物资分为 A、B、C 三类，并控制每类汽车配件的合理比例，进行分级管理。

A 类物资：数目占全部库存物资的 10% 左右，而其金额占总金额的 70% 左右。

B 类物资：数目占全部库存物资的 20% 左右，而其金额占总金额的 20% 左右。

C 类物资：数目占全部库存物资的 70% 左右，而其金额占总金额的 10% 左右。

通过对汽车配件的分类，可对不同类型配件的订货周期、盘点周期及安全库存可以采用不同的方法来控制，例如，配件分级管理方案如图 6.5 所示。

图 6.5　配件分级管理方案

6.3.4 订货管理

订货管理就是通过各种订单类型的合理搭配，以最低的订货成本达到客户满意和资本占用的最佳平衡。订货管理是库存管理的核心内容。订货管理主要有以下几方面内容。

1. 订购时间

订购时间选择恰当，既不能造成过多配件库存，也不能因配件不足而影响维修生产。合理的订购点确定方法如下。

$$\text{订货点} = \text{安全库存} + \text{预测值} \times (\text{到货周期} + \text{订货周期})$$

预测值可以是某种配件的月需要量，也可以是一个订货周期内的需求量。

在标准库存达到最小库存时，就是订货的时间点，如图 6.6 所示为订货时间的确定方法。订货早了,可能导致库存过大,订货晚了,可能导致影响维修生产。

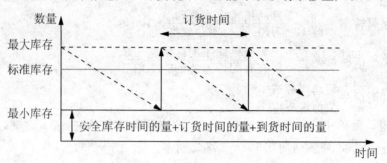

图 6.6 订货时间的确定方法

2. 订购品种

订货管理水平的衡量标准如图 6.7 所示。订货管理水平的衡量标准主要有三个方面:①订货品种比例;②订货金额比例;③快速配件比例。

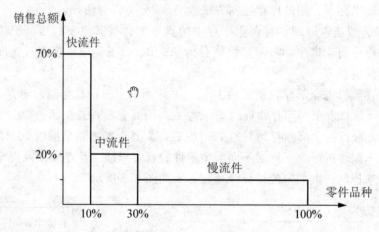

图 6.7 订货管理水平的衡量标准

3. 订购数量

在确定订货数量时,一个基本原则是保证库存量大于需求量,考虑各种订货因素,标准库存量的确定方法如下.

公式一:

$$标准库存量 = 每周期需求量 + 每周期需求量 \times \frac{订发货天数}{每周期天数} + 安全库存量$$

$$安全库存量 = 每周期需求量 \times \left(\frac{订发货天数}{每周期天数} + 1\right) \times 经验系数$$

注:每周期指每个订货周期。

公式二:

$$标准库存量 = 月均需求量 \times (订货时间 + 到货时间 + 安全库存时间)$$

$$安全库存量 = 月均需求量 \times 安全库存时间$$

$$安全库存时间 = (订货时间 + 到货时间) \times 经验系数$$

订货时间:指相邻的两次订货所间隔的时间,单位为月。

到货时间：指从订单发出、订单到达、订单处理、配件装箱、运输、到货拆箱、上架、录入系统等这一过程的时间总和，单位为月。

安全库存时间经验系数：一般在 0.4～1.1 之间，是一个市场经验值，与配件价格、消耗数量、到货时间等因素有关。流动速度快和流动速度慢的配件安全时间经验系数小于中等流动速度配件安全时间经验系数。

案例 4

某 4S 店前 6 个月月均需要 11 个雨刷器片，6 天订一次货，到货周期为 2 天，安全库存时间经验系数为 0.7，求雨刷器片标准库存量是多少？

解法一：

标准库存量 $=11\times\dfrac{6}{30}+\left(11\times\dfrac{6}{30}\right)\times\dfrac{2}{6}+\left(11\times\dfrac{6}{30}\right)\times\left(\dfrac{2}{6}+1\right)\times 0.7=5$（个）

解法二：

标准库存量 $=11\times\left[\dfrac{6}{30}+\dfrac{2}{30}+\left(\dfrac{6}{30}+\dfrac{2}{30}\right)\times 0.7\right]=5$（个）

4．订购订单种类

订购订单方式分为库存订单、计划订单与紧急订单三种。订单的基本思路是：较大的库存量，较长的订货周期；较小的库存量，较短的订货周期。

1）库存订单

库存订单是补充存货以保证配件供应的基本方法。其特点是：

（1）从订货到收货所花的时间最长。

（2）订货成本最低。

（3）需要周密的计划。

2）计划订单

根据工厂的生产计划或客户的库存需求而制定的库存订单。其特点是：

（1）有明确的客户，对到货时间没有要求。

（2）需要收取预付金。

3）紧急订单

为满足客户对非库存配件的临时需求而采取的订货形式，是对库存的补充。其特点是：

（1）对订货时间有较高要求。

（2）到货速度较库存订单快，但订货成本高。

6.4 配件的采购管理

6.4.1 配件的计划流程

配件的计划流程如下。

（1）计划员收集缺料信息。
（2）计划员分析、汇总缺料信息。
（3）根据库存和销售情况，编制期货计划或临时计划，交由配件主管审核。
（4）配件主管审定签字后，计划员出具一式三联计划单。一联计划员留存，验货用；一联交采购员，采购用；一联交内勤，附付款通知书进行付款审批。

6.4.2　配件采购流程

配件的采购流程如下。
（1）采购员依据计划单进行采购。
（2）市内现金采购：通知内勤，内勤依据计划单、付款通知书进行付款审批，办理相关手续。
（3）市内赊购：供货商送货的，货物由保管员验货接收并开出收货单二联进入入库程序；需自提的采购员到供货商处提货进入提货程序。
（4）市外现金采购：依据进货计划单、付款凭证联系供货商发货。完成后，付款凭证及时交回计划员。
（5）市外赊购：依据进货计划单联系供货商发货。到货后由采购员提货进入提货程序。

6.4.3　采购的原则

汽车配件的采购原则如下。
（1）汽车配件采购工作必须有计划地进行，防止盲目无计划地采购。根据维修企业需用配件品种多、规格广等特点，对汽车配件和辅助材料的采购，必须有仓库保管员按储备定额规定，提出月度采购数量，由计划员进行平衡提出采购计划。采购计划需经财务部门定采购金额，严格按计划开支。
（2）采购的配件和辅助材料要保证质量，用途不明不购，质量不符合标准不购，规格不清不购。
（3）副厂件的采购需经服务经理的同意，以免影响生产，造成配件和物资积压。
（4）采购计划，是进行采购定货的依据，对有疑问的地方，应事前查明，不能擅自变更。

6.4.4　采购的方式

汽车配件的采购有如下几种方式。
（1）对于需要量大的配件，应尽量选定定点供应直达供货的方式。
（2）尽量采用与配件商签订合同直达供货方式，以减少中转环节，加速配件周转。
（3）对需要量少的配件，宜采取临时采购方式，以减少库存积压。
（4）采购形式。现货与期货，现货购买灵活性大，能适应需要的变化情况，有利于加速资金周转。对需要量较大，消耗规律明显的配件，采用期货形式，签订期货合同，有利于供应单位及时组织供货。

知识扩展

宝马汽车零件编号

宝马汽车零件编号有11位数字组成。前两位数字表示该零件所属的主分组(也称为设计分组)。因此可以通过主分组得到零件分配的大致情况。宝马汽车零件的主分组编号说明如表6-2所示。

表6-2 宝马汽车零件的主分组编号说明

编号	说　　明	编号	说　　明
01	技术资料	46	车架
07	标准件和一般性工作油液	51	车身配置
10	整个动力传动总成	52	座椅
11	发动机	54	滑动/外翻式天窗和折叠式车顶
12	发动机电气系统	61	普通车辆电气系统
13	燃油混合气制备和调节	62	仪表
14	氢气混合气制备和调节	63	车灯
16	燃油供给系统	64	暖风和空调系统
17	冷却系统	65	音响、导航、信息系统
18	排气装置	66	车距控制系统、定速巡航控制系统、遥控器
21	离合器	67	电气驱动
22	发动机和变速箱支撑	70	用于政府部门的部件和附件
23	手动变速箱	71	用于发动机和底盘的部件和附件
24	自动变速箱	72	用于车身的部件和附件
25	换挡操纵机构	73	用于工业发动机的部件和附件
26	传动轴	74	用于船用发动机的部件和附件
27	分动器	80	附件
31	前桥	81	投资设备
32	转向系统	82	选装附件
33	后桥	83	工作油液和辅助材料
34	制动器	84	通信系统
35	踏板机构	85	整个车轮、轮辋、轮胎
36	车轮和轮胎	86	挂车
37	整体式悬架系统	87	维修和保养
41	白车身		

例如：零件编号13 71 7 536 006，表明该零件是空气滤清器滤芯，用于宝马130i轿车，如图6.8所示。前两位数字"13"表示该零件属于燃油混合气制备和调节系统，紧接着的两位数"71"表示该零件属于进气消音器部分。前四位数表示设计分组号的分配，最后7位数用于确定具体的某个零件，这组数字在这里表示用于宝马130i轿车的空气滤清器滤芯。

图 6.8　宝马轿车空气滤清器

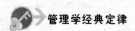

青蛙现象

把一只青蛙直接放进热水锅里，由于它对不良环境的反应十分敏感，就会迅速跳出锅外。如果把一个青蛙放进冷水锅里，慢慢地加温，青蛙并不会立即跳出锅外，水温逐渐提高的最终结局是青蛙被煮死了，因为等水温高到青蛙无法忍受时，它已经来不及、或者说是没有能力跳出锅外了。

青蛙现象告诉我们，一些突变事件，往往容易引起人们的警觉，而易致人于死地的却是在自我感觉良好的情况下，对实际情况的逐渐恶化，没有清醒的察觉。

管理启示：汽车维修企业在经营过程中，很多企业领导往往重视维修技术，坚持"技术第一，质量第一"，而忽视服务细节，如车辆维修完成后，疏忽了车内卫生，这将会给客户一个服务质量很差的印象，在此维修质量已显得不再重要，对内部空间不整洁的不满已超越其上，客户还会将这种不满传达给他的亲朋好友。久而久之，就会失去更多的客户，企业生存就会存在危机。

本 章 小 结

汽车配件通常可分为低值易耗件、一般配件、基础件、重要总成及辅料等。汽车维修企业配件部门的岗位设置有：配件主管、计划员、采购员、库房管理员、配件销售员等职位。

库房管理包括配件由入库到出库为止的全部过程。在此期间，必须严格执行配件的验收、保管、发放、盘点和旧件回收等制度。

库存管理不仅是对传统的配件进、出、存的业务管理，更是以支持售后服务，提供优质客户服务为目的地存储、收发、计划与控制。

配件的采购管理包括：配件的计划流程、配件的采购流程、配件的采购原则及采购方法管理。

思 考 题

1. 简述汽车维修企业配件部门岗位设置及岗位责任。
2. 简述汽车维修企业配件部门管理目标。
3. 简述掌握库存管理的评价指标。

能 力 训 练

1. 针对某一汽车维修企业,制定配件管理方面的改进方案。
2. 针对某一汽车维修企业的常用配件,计算标准库存量与安全库存量。

附录 1

汽车维修企业的开业条件

GB/T 16739—2004《汽车维修业开业条件》由中华人民共和国交通部提出,由全国汽车维修标准化技术委员会(SAC/TC247)归口,分为两部分:第一部分是汽车整车维修企业;第二部分是汽车专项维修业户。

一、汽车整车维修企业开业条件

1. 适用范围

《汽车维修业开业条件》第一部分汽车整车维修企业开业条件规定了汽车整车维修企业必须具备的人员、组织管理、设施、设备等条件。

《汽车维修业开业条件》第一部分适用于汽车整车维修企业(一类维修企业、二类维修企业),是交通行政主管部门对汽车整车维修企业开业审核和管理的依据。

特别提示

- 汽车整车维修企业有能力对所维修车型的整车、各个总成及主要零部件进行各级维护、修理及更换，使汽车的技术状况和运行性能完全(或接近完全)恢复到原车的技术要求，并符合相应国家标准和行业标准的规定的汽车维修企业。按规模大小分为一类汽车整车维修企业和二类汽车整车维修企业。
- 汽车维修企业可分为一类汽车维修企业、二类汽车维修企业和三类汽车维修企业。
- 一类汽车维修企业是指从事汽车大修和总成修理生产的企业。
- 二类汽车维修企业是指从事汽车一级、二级维护和汽车专项修理的生产企业。
- 汽车维修是汽车维护和修理的泛称。
- 汽车大修是指用修理或更换汽车任何零部件(包括基础件)的方法，恢复汽车的完好技术状况和完全(或接近完全)恢复汽车寿命的恢复性修理。
- 总成修理是指为恢复汽车总成完好技术状况、工作能力和延长其使用寿命而进行的作业。
- 汽车维护是指为维持完成技术状况或工作能力而进行的作业。
- 专项修理是指用更换或修理个别零件的方法，保证或恢复汽车工作能力的运行性修理。

2．人员条件

1）基本人员

要求企业管理负责人、技术负责人及检验、业务、价格核算、维修(机修、电器、钣金、涂漆)等关键岗位至少应配备1人，并应经过有关培训，取得行业主管部门颁发的从业资格证书，持证上岗。

2）企业管理负责人

企业管理负责人应熟悉汽车维修业务，具备企业经营、管理能力，并了解汽车维修及相关行业的法规及标准。

3）技术负责人

技术负责人应具有汽车维修或相关专业的大专以上文化程度，或具有汽车维修或相关专业的中级以上专业技术职称，应熟悉汽车维修业务，并掌握汽车维修及相关行业的法规及标准。

4）检验人员

检验人员数量应与其经营规模相适应，其中至少应有1名总检验员和1名进厂检验员。

5）业务人员

业务人员应熟悉各类汽车维修检测业务，从事汽车维修工作3年以上，具备丰富的汽车技术状况诊断经验，熟练掌握汽车维修服务收费标准及相关政策法规。

企业工种设置应覆盖维修业务中涉及到的各专业。维修人员的专业知识和业务技能应达到行业主管部门规定的要求。

3．组织管理条件

1）经营管理

(1) 应具有与汽车维修有关的法规等文件资料。

(2) 应具有规范的业务工作流程，并明示业务受理程序、服务承诺、用户抱怨受理制度等。

(3) 应具有健全的经营管理体系,设置技术负责、业务受理、质量检验、文件资料管理、材料管理、仪器设备管理、价格结算等岗位并落实责任人。

(4) 应实行计算机管理。

2) 质量管理

(1) 应具有汽车维修的国家标准和行业标准以及相关技术标准。

(2) 应具有所维修车型的维修技术资料及工艺文件,确保完整有效并及时更新。

(3) 应具有汽车维修质量承诺、进出厂登记、检验、竣工出厂合格证管理、技术档案管理、标准和计量管理、设备管理及维护、人员技术培训等制度。

(4) 应建立汽车维修档案和进出厂登记台账。汽车维修档案应包括维修合同,进厂、维修过程、竣工检验记录,出厂合格证副页、结算凭证和工时、材料清单等。

4. 安全生产条件

(1) 企业应具有与其维修作业内容相适应的安全管理制度和安全保护措施,建立并实施安全生产责任制。安全保护设施、消防设施等应符合有关规定。

(2) 企业应有各工种、各类机电设备的安全操作规程,并将安全操作规程明示在相应的工位或设备处。

(3) 使用和存储有毒、易燃、易爆物品及腐蚀剂、压力容器等均应有相应的安全防护措施和设施。

(4) 生产厂房和停车场应符合安全、环保和消防等各项要求。

5. 环境保护条件

(1) 企业应具有废油、废液、废气、废蓄电池、废轮胎及垃圾等有害物质集中收集、有效处理和保持环境整洁的环境保护管理制度。有害物质存储区域应界定清楚,必要时应有隔离、控制措施。

(2) 作业环境以及按生产工艺配置的处理"三废"(废油、废液、废气)、通风、吸尘、净化、消声等设施,均应符合有关规定。

(3) 涂漆车间应设有专用的废水排放及处理设施,采用干打磨工艺的,应有粉尘收集装置和除尘设备,应设有通风设备。

(4) 调试车间或调试工位应设置汽车尾气收集净化装置。

6. 设施条件

1) 接待室(含客户休息室)

(1) 企业应设有接待室,一类企业的接待室面积不少于 $40m^2$,二类企业的接待室面积不少于 $20m^2$。

(2) 接待室应整洁明亮,明示各类证照、主修车型、作业项目、工时定额及单价等,并应有客户休息的设施。

2) 停车场

(1) 企业应有与承修车型、经营规模相适应的合法停车场地,一类企业的停车场面积不少于 $200m^2$,二类企业的停车场面积不少于 $150m^2$。

(2) 企业租赁的停车场地,应具有合法的书面合同书。

(3) 停车场地面平整坚实,区域界定标志明显。

3) 生产厂房

(1) 生产厂房地面应平整坚实，面积应能满足如表3-6、表3-7、表3-8所列设备的工位布置、生产工艺和正常作业的需要，一类企业的厂房面积不少于800m^2，二类企业的厂房面积不少于200m^2。

(2) 租赁的生产厂房应具有合法的书面合同书。

7. 设备条件

(1) 企业应配备与其所承修车型相适应的量具、机工具及手工具。量具应定期进行检定。

(2) 企业应配备如表1、表2、表3所列的通用设备、专用设备及检测设备，其规格和数量应与其生产纲领和生产工艺相适应。

(3) 各种设备应符合相应的产品技术条件的国家标准和行业标准的要求。

(4) 各种设备应能满足加工、检测精度的要求和使用要求。如表3所列检测设备应通过型式认定，并按规定经有资质的计量检定机构检定合格。

(5) 允许外协的设备，应具有合法的合同书，并能证明其技术状况符合本条件的(3)和(4)的要求。

表1 通用设备

序号	设备名称	序号	设备名称
1	钻床	4	压力机
2	电焊及气体保护焊设备	5	空气压缩机
3	气焊设备		

表2 专用设备

序号	设备名称	大中型客车	大型货车	小型车	其他要求
1	换油设备		√		
2	轮胎轮辋拆装设备		√		
3	轮胎螺母拆装机	√	√		
4	车轮动平衡机		√		
5	四轮定位仪	—	—	√	
6	转向轮定位仪	√	√		
7	制动鼓和制动盘维修设备	√	√		
8	汽车空调冷媒加注回收设备	√	—	√	
9	总成吊装设备		√		
10	汽车举升机	—	—	√	一类企业应不少于5台
11	地沟设施	√	√	—	一类企业应不少于2个
12	发动机检测诊断设备		√		应具备示波器、转速表、发动机检测专用真空表的功能

续表

序号	设备名称	大中型客车	大型货车	小型车	其他要求
13	数字式万用电表	V			
14	故障诊断设备	—	—	V	
15	气缸压力表	V			
16	汽油喷油器清洗及流量测量仪	—	—	V	
17	正时仪		V		
18	燃油压力表	—	—	V	
19	液压油压力表		V		
20	连杆校正器		V		允许外协
21	无损探伤设备		V		修理大、中型客车必备，其他允许外协
22	车身清洗设备	—	—	V	
23	打磨抛光设备	V	—	V	
24	除尘除垢设备	V		V	
25	型材切割机		V		
26	车身整形设备		V		
27	车身校正设备	—	—	V	
28	车架校正设备	V	V	—	二类企业允许外协
29	悬架试验台		V		二类企业允许外协
30	喷烤漆房及设备	V		V	
31	喷油泵试验设备		V		
32	喷油器试验设备		V		
33	调漆设备	V		V	
34	自动变速器维修设备（见 GB/T 16739.2—2004）	—	—	V	
35	立式精镗床		V		
36	立式珩磨机		V		允许外协
37	曲轴磨床		V		
38	曲轴校正设备		V		
39	凸轮轴磨床		V		
40	激光淬火设备		V		
41	曲轴、飞轮与离合器总成动平衡机		V		

注："V"——要求具备，"—"——不要求具备。

表 3　主要检测设备

序号	设备名称	其他要求	序号	设备名称	其他要求
1	声级计		5	制动检验台	修理大型货车及二类企业允许外协
2	排气分析仪或烟度计	
3	汽车前照灯检测设备	二类企业允许外协	6	车速表检验台	二类企业允许外协
4	侧滑试验台	二类企业允许外协	7	底盘测功机	允许外协

二、汽车专项维修业户开业条件

1. 适用范围

汽车维修业开业条件第二部分汽车专项维修业户开业条件，规定了汽车专项维修业户具备的通用条件，以及各专项维修的经营范围、人员、设施、设备等条件。

本部分适用于汽车专项维修业户（三类维修企业），是交通行政主管部门对汽车专项维修业户开业审核和管理的依据。

特别提示

- 汽车专项维修业户（三类维修企业）是指从事汽车发动机、车身、电气系统、自动变速器、车身清洁维护、涂漆、轮胎动平衡及修补、四轮定位检测调整、供油系统维护及油品更换、喷油泵和喷油器维修、曲轴修磨、气缸镗磨、散热器（水箱）维修、空调维修、汽车装潢（篷布、座垫及内饰）、门窗玻璃安装等专项维修作业的业户。

2. 通用条件

（1）从事专项维修关键岗位的人员数量应能满足生产的需要，并取得行业主管部门颁发的从业资格证书，持证上岗。

（2）应具有相关的法规、标准、规章等文件以及相关的维修技术资料和工艺文件等，并确保完整有效，及时更新。

（3）应具有规范的业务工作流程，并明示受理程序、服务承诺、用户抱怨受理制度等。

（4）生产厂房的面积、结构及设施应满足专项维修作业设备的工位布置、生产工艺和正常作业要求。停车场地界定标志明显，不得占用道路和公共场所进行作业和停车，地面应平整坚实。租赁的生产厂房、停车场地应具有合法的书面合同书。应符合安全生产、环保和消防等各项要求。

（5）配备的设备应与其生产作业规模及生产工艺相适应，其技术状况应完好，符合相应的产品技术条件的国家标准或行业标准的要求，并能满足加工、检测精度的要求和使用要求。检测设备及量具应按规定经有资质的计量检定机构检定合格。

（6）使用和存储有毒、易燃、易爆物品，粉尘、腐蚀剂、污染物、压力容器等均应有安全防护措施和设施。作业环境以及按生产工艺安装、配置的处理"三废"（废油、废液、废气）、通风、吸尘、净化、消声等设施，均应符合国家有关法规、标准的规定。

3. 专项维修经营范围、人员、设施、设备条件

1）发动机修理

（1）人员条件。

① 企业管理负责人、技术负责人及检验人员等均应经过有关培训，并取得行业主管部门颁发的从业资格证书，持证上岗。

② 企业管理负责人应熟悉汽车维修业务，具备企业经营、管理能力，并了解发动机维修及相关行业的法规及标准。

③ 技术负责人应具有汽车维修或相关专业的大专以上文化程度，或具有汽车维修或相关专业的中级以上专业技术职称。应熟悉汽车维修业务，并掌握汽车维修相关行业的法规及标准。

④ 检验人员应不少于2名。

⑤ 发动机主修人员应不少于2名。

（2）组织管理。

① 应具有健全的经营管理体系，设置技术负责、业务受理、质量检验、文件资料管理、材料管理、仪器设备管理、价格结算等岗位并落实责任人。

② 应具有汽车维修质量承诺、进出厂登记、检验记录及技术档案管理、标准和计量管理、设备管理及维护、人员技术培训等制度并严格实施。

（3）设施条件。

① 应设有接待室，其面积应不少于20m^2。接待室应整洁明亮，明示各类证、照、作业项目及计费工时定额等，并应有客户休息设施。

② 停车场面积应不少于30m^2。

③ 生产厂房面积应不少于200m^2。

（4）主要设备。应配备的主要设备：压力机，空气压缩机，发动机解体清洗设备，发动机等总成吊装设备，发动机试验设备，废油收集机，数字式万用电表，气缸压力表，量缸表，正时仪，汽油喷油器清洗及流量测量仪，燃油压力表，喷油泵试验设备，喷油器试验设备，连杆校正器，排气分析仪，烟度计，无损探伤设备，立式精镗床，立式珩磨机，曲轴磨床，曲轴校正设备，凸轮轴磨床，激光淬火设备，曲轴、飞轮与离合器总成动平衡机。

2）车身维修

（1）人员条件。

① 企业管理负责人、技术负责人及检验人员应符合发动机维修人员条件的要求。

② 检验人员应不少于1名。

③ 车身主修及维修涂漆人员均不少于2名。

（2）组织管理条件。企业的组织管理条件应符合发动机维修组织管理条件的要求。

（3）设施条件。

① 应设有接待室，其面积应不少于20m^2。接待室应整洁明亮，明示各类证、照、作业项目及计费工时定额等，并应有客户休息设施。

② 停车场面积应不少于30m^2。

③ 生产厂房面积应不少于120m^2。

(4) 主要设备。应配备的主要设备有：电焊及气体保护焊设备，气焊设备，压力机，空气压缩机，汽车外部清洗设备，打磨抛光设备，除尘除垢设备，型材切割机，车身整形设备，车身校正设备，车架校正设备，车身尺寸测量设备，喷烤漆房及设备，调漆设备（允许外协）。

3）电气系统维修

(1) 人员条件。

① 企业管理负责人、技术负责人及检验人员应符合发动机维修人员条件的要求。

② 检验人员应不少于1名。

③ 电子、电器主修人员应不少于2名。

(2) 组织管理条件。

企业的组织管理条件应符合发动机维修组织管理条件的要求。

(3) 设施条件。

① 应设有接待室，其面积应不少于20m^2。接待室应整洁明亮，明示各类证、照、作业项目及计费工时定额等，并应有客户休息设施。

② 停车场面积应不少于30m^2。

③ 生产厂房面积应不少于120m^2。

(4) 主要设备。应配备的主要设备有：空气压缩机，故障诊断设备，数字式万用电表，充电机，电解液比重计，高频放电叉，汽车前照灯检测设备（允许外协），电路检测设备。

4）自动变速器修理

(1) 人员条件。

① 企业管理负责人、技术负责人及检验人员应符合发动机维修人员条件的要求。

② 检验人员应不少于1名。

③ 自动变速器专业主修人员应不少于2名。

(2) 组织管理条件。

企业的组织管理条件应符合发动机维修组织管理条件的要求。

(3) 设施条件。

① 应设有接待室，其面积应不少于20m^2。接待室应整洁明亮，明示各类证、照、作业项目及计费工时定额等，并应有客户休息设施。

② 停车场面积应不少于30m^2。

③ 生产厂房面积应不少于200m^2。

(4) 主要设备。

应配备的主要设备有：自动变速器翻转设备，自动变速器拆解设备，变扭器维修设备，变扭器切割设备，变扭器焊接设备，变扭器检测（漏）设备，零件高压清洗设备，电控变速器测试仪，油路总成测试机，液压油压力表，自动变速器总成测试机，自动变速器专用测量器具。

5）车身清洁维护

(1) 人员条件。至少有2名经过专业培训的车身清洁人员。

(2) 设施条件。生产厂房面积不少于40m^2，停车场面积不少于30m^2。

(3) 主要设备。应配备的主要生产设备有举升设备或地沟,汽车外部清洗设备及污水处理设备,吸尘设备,除尘、除垢设备,打蜡设备,抛光设备。

(4) 节水条件。取得节水管理部门的批准,符合当地节水及环保要求。

6) 涂漆

(1) 人员条件。至少有1名经过专业培训的汽车维修涂漆人员。

(2) 设施条件。生产厂房面积不少于120m^2,停车场面积不少于40m^2。

(3) 主要设备。应配备的主要设备有举升设备,除锈设备,砂轮机,空气压缩机,喷烤漆房(从事轿车喷漆必备)或喷漆设备,调漆设备(允许外协),吸尘、通风设备。

7) 轮胎动平衡及修补

(1) 人员条件。至少有1名经过专业培训的轮胎维修人员。

(2) 设施条件。生产厂房面积不少于30m^2,停车场面积不少于30m^2。

(3) 主要设备。应配备的主要设备有空气压缩机,漏气试验设备,轮胎气压表,千斤顶,轮胎螺母拆装机或专用拆装工具,轮胎轮辋拆装、除锈设备或专用工具,轮胎修补设备,车轮动平衡机。

8) 四轮定位检测调整

(1) 人员条件。至少有1名经过专业培训的汽车维修人员。

(2) 设施条件。生产厂房面积不少于40m^2。停车场面积不少于30m^2。

(3) 主要设备。应配备的主要设备有举升设备,四轮定位仪,空气压缩机,轮胎气压表。

9) 供油系统维护及油品更换

(1) 人员条件。至少有1名经过专业培训的汽车维修人员。

(2) 设施条件。生产厂房面积不少于40m^2,停车场面积不少于30m^2。

(3) 主要设备。应配备的主要设备有不解体油路清洗设备,换油设备,废油收集设备,举升设备或地沟,空气压缩机。

10) 喷油泵、喷油器维修

(1) 人员条件。至少有1名经过专业培训的汽车高压油泵维修人员。

(2) 设施条件。生产厂房面积不少于30m^2,停车场面积不少于30m^2。

(3) 主要设备。

① 喷油泵、喷油器清洗和试验设备。

② 喷油泵－喷油器密封性试验设备(从事喷油泵、喷油器维修的业户)。

③ 弹簧试验仪。

④ 千分尺。

⑤ 厚薄规。

11) 曲轴修磨

(1) 人员条件。至少有1名经过专业培训的曲轴修磨人员。

(2) 设施条件。生产厂房面积不少于60m^2,停车场面积不少于30m^2。

(3) 主要设备。应配备的主要设备有曲轴磨床,曲轴校正设备,曲轴动平衡设备,平板,V型块,百分表及磁力表座,外径千分尺,无损探伤设备,吊装设备。

12) 气缸镗磨

(1) 人员条件。至少有1名经过专业培训的气缸镗磨人员。

(2) 设施条件。生产厂房面积不少于$60m^2$，停车场面积不少于$30m^2$。

(3) 主要设备。应配备的主要设备有立式精镗床，立式珩磨机，压力机，吊装起重设备，气缸体水压试验设备，量缸表，外径千分尺，厚薄规，激光淬火设备（从事激光淬火必备），平板。

13) 散热器维修

(1) 人员条件。至少有1名经过专业培训的专业维修人员。

(2) 设施条件。生产厂房面积不少于$30m^2$，停车场面积不少于$30m^2$。

(3) 主要设备。应配备的主要设备有清洗及管道疏通设备，气焊设备，钎焊设备，空气压缩机，喷漆设备，散热器密封试验设备。

14) 空调维修

(1) 人员条件。至少有1名经过专业培训的汽车空调维修人员。

(2) 设施条件。生产厂房面积不少于$40m^2$，停车场面积不少于$30m^2$。

(3) 主要设备。应配备的主要设备有汽车空调冷媒加注回收设备，气焊设备，空调电器检测设备，空调专用检测设备，数字式万用电表。

15) 汽车装潢（篷布、座垫及内装饰）

(1) 人员条件。至少有1名经过专业培训的维修人员。

(2) 设施条件。生产厂房面积不少于$30m^2$，停车场面积不少于$30m^2$。

(3) 主要设备。应配备的主要设备有缝纫机，锁边机，工作台或工作案，台钻或手电钻，电熨斗，裁剪工具，烘干设备。

16) 汽车玻璃安装

(1) 人员条件。至少有1名经过专业培训的维修人员。

(2) 设施条件。生产厂房面积不少于$30m^2$，停车场面积不少于$30m^2$。

(3) 主要设备。应配备的主要设备有工作台，玻璃切割工具，注胶工具，玻璃固定工具，直尺，弯尺，玻璃拆装工具，吸尘器。

三、辅助说明

GB/T 16739.1—2004的第一部分，代替GB/T 16739.1—1997《汽车维修业开业条件第一部分——一类汽车维修企业》和GB/T 16739.2—1997《汽车维修业开业条件第二部分——二类汽车维修企业》，本部分与GB/T 16739.1—1997和GB/T 16739.2—1997相比主要变化如下。

(1) 关于汽车维修业开业条件的范围，修订为汽车整车维修企业应具备的人员、组织管理、设施、设备等条件。

(2) 关于人员条件，修订为对企业管理负责人、技术负责人、检验人员、业务人员、价格核算人员、维修人员的规定。

(3) 关于组织管理条件，修订为经营管理条件、质量管理条件、安全生产条件、环境保护条件等。

(4) 关于设施条件，增加了对接待室的规定。

(5) 关于设备条件，修订为根据不同车型对通用设备、专用设备和主要检测设备三部分的规定，取消了那些随着汽车技术进步而不再适用的汽车维修设备，增加了针对汽车新装置的故障诊断、检测和维修设备。对于使用率极低但却有一定市场需要的机加工等设备，允许外协。

(6) 取消了对开业条件中的流动资金的规定。

(7) 取消了对中外合资(合作)维修企业和特约维修中心(站)条件的规定。

(8) 取消了对危险货物运输车辆维修企业条件的规定。

(9) 取消了对承担救援维修条件的规定。

附录 2

汽车维修各工种操作规定

一、机修工操作规定

（1）工作前，穿好工作服，工作车内工具应齐全完好。

（2）正确使用各种工具，仪表，如游标卡尺、千分尺等重要的工具设备，定期保养，严禁超负荷运转。

（3）车辆维修举升前对所用的举升机要仔细检查，是否安全可靠。放下时要察看周围情况慢慢放下。

（4）检修电喷发动机故障时，不得在发动状态下连接或拆除专用仪器，以及不得在发动机运转状态下，拔任何电器插头或拔下高压线对地作跳火试验，以免损坏电子控制系统和专用仪器。

（5）维修车辆场地严禁吸烟，在机工场地未经批准不得动用明火，废汽油、柴油、机油和油抹布不得乱倒乱扔，要倒放在指定地方。

(6) 维修车辆的移动和试车,应由持有驾驶证的驾驶员进行,严禁无证人员移车。

(7) 未切断电源情况下,严禁使用汽油等易燃物品刷洗发动机各部件。

(8) 更换刹车片后,应试踩刹车数下,防止刹车失控。

(9) 检修车辆时由于光线不足,要使用低压工作灯时,要注意电线不被碾压和被油污浸蚀,灯泡要防止碰到油、水。

(10) 检修车辆的工作场所,做到零部件、工具、油污"三不落地"(轮胎、大型覆盖件除外)。

(11) 使用移动式电动工具和风动工具须熟悉操作规程才能通电使用。

(12) 用砂轮机、钻床等加工部件时严禁戴手套。

(13) 每日工作完毕,整理好工作场所,保持工作厂地清洁、整齐。

二、电工操作规定

(1) 必须穿戴好工作服,确保操作过程中的安全事项。

(2) 工作中随时注意声响、温度和异常情况,确保电器设备、电机、仪器等设备的安全运行。

(3) 充电时,要确保充电电流不超过规定值,如电瓶内产生大量气泡,应立即减小电流。

(4) 使用电钻、电热烙铁等电器,应检查并确保连接线无破损,按钮灵敏,绝缘性好。夹装钻头要用专用钥匙。启闭电器开关时,手应干燥。

(5) 电工场地,严禁放易燃物品。使用起动辅助电瓶应注意附近无易燃物。

(6) 在车辆上拆装发电机、马达时要拆除电瓶线。

(7) 发动机运行时严禁拆下电瓶线,以免击坏车辆电器,电喷车拆电瓶前要先确认防盗装置的种类。

(8) 空调设备修理人员,应熟悉本职业务,了解汽车发动机及空调系统的性能,在调试空调系统性能时,要特别注意发动机风扇的安全。

(9) 在加注制冷剂时,严格按照技术规程所要求的步骤进行操作,以防发生意外,如制冷剂飞溅到皮肤或眼睛上,应立即用自来水冲洗。

(10) 工作结束,切断电源,做好车间、设备的清洁维护工作。

三、钣金工操作规定

(1) 熟练掌握钣金设备工具操作和保养。

(2) 工作前,穿戴好劳护用品,将所需要的工卡量具准备好,放在适当的位置。

(3) 开动有关设备前,须做好检查和准备工作,并严格遵守有关操作规程。

(4) 使用各种手锤时,锤柄应安装牢固,安全方面不合格的工具不得使用。

(5) 正确使用校正架,校正时链条要加保险,且应避开链条受力方向,防止链条飞出击伤身体。

(6) 工作地点选择要适当,不准在易燃品附近进行焊接。

(7) 氧气瓶、乙炔瓶应轻拿轻放,防止碰撞和倾倒,不允许带手套搬氧气瓶。

(8) 保持工作场地的清洁卫生。

四、车间动火操作规定

车辆在维修过程中,凡有明火发生的作业均包括本规定范围内。如在车间内使用气焊、电焊等操作过程。

1. 动火前的准备工作

(1) 氧焊时必须按规定先检查钢瓶、压力表、气管、焊枪等是否完好,发现泄漏、失效,立即处理修复后才能作业。

(2) 电焊时必须先检查电焊机接地线、连接线连接是否可行安全可靠、电焊钳等绝缘物是否损坏,要符合安全规定才能使用。

(3) 凡电控车辆,如电控发动机、ABS、自动变速器等有电脑控制的车辆在实施电焊前必须由电工先拆除车上电脑板,防止损坏,绝对禁止带电脑板进行电焊作业。

(4) 动火车辆周围2m范围内应无易燃物品(如汽油、香蕉水、油漆、稀料以及其他油料等)。

(5) 动火前必须有应急灭火措范,如作业现场准备灭火机、水、湿毛巾等,并检查灭火的储量及使用工作情况。

(6) 动火前应拆除车辆电瓶的搭铁线。

2. 动火安全操作规定

(1) 引擎盖、后行李箱盖修补、整修或动火,必须先将引擎盖、后行李箱盖拆下,有线束的必须先将线束等附件拆除。

(2) 车门整修烧焊或动火,必须拆除车门内饰板、密封条、门玻璃、密封件、饰条、泥槽、导向槽、线束、挡水膜、车门内线束、开关等零件,必要时拆除后视镜。

(3) 前叶子板、内挡板动火必须拆除内轮罩,相关的线束及附件。

(4) 左后叶子板动火必须拆除相关内饰件,并检查后行李箱内地毯及物品,上部动火还须注意后挡风玻璃及密封条,三角玻璃及密封条,必要时先拆卸。

(5) 右后叶子板动火前,还必须先拆油箱,并将油箱放在离动火点2m以外的安全地方。

(6) 更换前围时,除拆除前围线束外,必须拆除左右内挡板上的辅件。

(7) 车顶动火必须拆除车顶内饰板、易燃衬里,前端动火还必须拆除顶灯线束。

(8) 仪表台固定板、方向机固定底板、左前柱、右前柱动火必须认真谨慎,安全措施万无一失。应将发动机及变速箱的电控单元、仪表及仪表台、仪表线束、前线束、空调线束、通风管道、中央线路板、蒸发箱、鼓风机及壳体、前柱饰板等,凡涉及动火安全的一定先拆除,决不能怕麻烦。

(9) 车身底板动火必须拆除座椅、地毯、固定在底板的线束、燃油管、刹车油管及有可能变形的内饰板。

(10) 行李箱底板烧焊,应将备胎架烧焊及油箱拆除。

(11) 车辆供油系统(燃油箱、供油管、回油管、油泵、滤清器、调压器等)附近动火,必须先拆除有关零件,确保动火绝对安全。

3. 监督保证其他事项

(1) 车辆维修动火、危险性大，维修人员一定要做到四到位，即：思想重视到位；操作规定到位；消防器材到位；应急措施到位。坚决杜绝侥幸心理，为确保安全，还应有相应的监督措施。

(2) 服务顾问在接车时，首先要考虑维修动火范围，并在"任务委托书"上开具各工种应拆卸的详细项目。

(3) 各工种在实施过程中，如发现漏油的拆卸项目应及时与服务顾问联系，并增加项目，不可盲目施工。

(4) 各工种特别是机、电、钣金应密切配合，该拆的一定要拆，确保安全。

(5) 涉及操作规定作业项目在准备工作结束后先由组长检查，确认安全后才准动火。

(6) 一时难以确定应该拆或不应该拆的，由服务顾问会同组长及相关工种共同商量，统一意见。

五、气焊工操作规定

1. 焊接前的准备工作

(1) 检查气焊工具是否完好、齐全。

(2) 氧气瓶嘴、减压阀及焊炬等不能沾上油脂，以免引起强烈燃烧或爆炸。

(3) 氧气瓶附近 10m 内不得有易燃易爆物和热源（氧气瓶与乙炔之间要隔离或相距 5m）。

(4) 根据工件的材料情况选用化学或机械的清理方法，清除焊缝及其两侧的污物、油脂及氧化皮。

(5) 根据设计要求及工件的厚度，对焊接头进行坡口加工。

(6) 选择规定的焊嘴号码和焊丝。

2. 焊接过程

(1) 严格按照气焊的技术规范和参数进行作业，并对氧气与乙炔压力（管道）进行监控。氧气的管道压力要求 0.4MPa。

(2) 气焊应正确选择焊接火焰性质。

(3) 严格控制气焊工艺参数，掌握正常的氧气和乙炔压力，并按操作要领进行作业。

3. 焊接结束后

(1) 应先关闭乙炔阀再关氧气阀，以防回火，发现回火，先关氧气阀，后关乙炔阀。

(2) 应对焊接部位的焊接质量进行自检，以便及时发现缺陷进行补焊。

(3) 应检查焊接物及作业场地的安全情况，关闭气源，做好防火防爆安全。

六、漆工操作规定

(1) 工作前，穿好工作服，并按需要佩戴好必要的防护用品。

(2) 查看工间内电气设备，如线路、开关等应无残缺、破损、冒火花。所用工具应完好，汽油、香蕉水、漆料等易燃物品储藏是否安全。

(3) 使用空气压缩机前应检查其各部件工作是否正常，使用时不可超压，发现异响应立即停机检修，工作完毕，切断电源，放余气和水。

(4) 调料、喷漆时要查看周围确无火种，使用喷枪前应先检查是否完好。

(5) 工作随带的漆料不可过多，并切实做到盖好桶盖。放置地点确无火苗，安全妥善。

(6) 进烤漆房喷漆、烘漆严格遵守烘漆房操作规定。

(7) 漆工工区和油漆储藏室应有足够数量的消防设施。

(8) 工作完毕，切断电源，做好清洁整理工作。

附录 3

上海大众帕萨特 B5 轿车检测维修技术参数

项　　目	上海大众帕萨特 B5
曲轴主轴颈直径/mm	
基本尺寸	$54.00_{-0.042}^{-0.022}$
第一次减小尺寸	$53.75_{-0.042}^{-0.022}$
第二次减小尺寸	$53.50_{-0.042}^{-0.022}$
第三次减小尺寸	$53.25_{-0.042}^{-0.022}$
曲轴连杆轴颈/mm	
基本尺寸	$47.80_{-0.042}^{-0.022}$
第一次减小尺寸	$47.55_{-0.042}^{-0.022}$
第二次减小尺寸	$47.30_{-0.042}^{-0.022}$
第三次减小尺寸	$47.05_{-0.042}^{-0.022}$
曲轴轴向间隙/mm	
新轴	0.07~0.23
磨损极限	0.30

续表

项　　目	帕萨特 B5
曲轴径向间隙/mm	
新轴	0.02～0.06
磨损极限	0.15
连杆轴瓦轴向间隙/mm	
新轴瓦	0.05～0.31
磨损间隙	0.37
连杆轴瓦径向间隙/mm	
新轴瓦	0.01～0.06
磨损间隙	0.12
活塞环开口间隙/mm	
第一道压缩环　　新环	0.20～0.40
磨损极限	0.80
第二道压缩环　　新环	0.20～0.40
磨损极限	0.80
两件组合式油环　新环	0.20～0.40
磨损极限	0.80
三件组合式油环　新环	0.25～0.50
磨损极限	0.80
活塞环侧向间隙/mm	
第一道压缩环　　新环	0.02～0.07
磨损极限	0.12
第二道压缩环　　新环	0.02～0.07
磨损极限	0.12
油环　　　　　　新环	0.02～0.06
磨损极限	0.12
活塞直径/mm	
基本尺寸	80.985
第一次加大尺寸	81.235
第二次加大尺寸	81.485
气缸直径/mm	
基本尺寸	81.01
第一次加大尺寸	81.26
第二次加大尺寸	81.51
气缸压缩压力/kPa	
新发动机	900～1400
磨损极限	750
各缸压力允许偏差	最大 300
缸盖最大允许变形量/mm	0.1mm

续表

项　　目	帕萨特 B5
气缸盖最小允许厚度/mm	139.25mm
排气门型式	注钠排气门
气门头锥角/°	45
气门杆直径/mm　　进气门　　排气门	5.95～5.97 5.94～5.95
气门头直径/mm　　进气门　　排气门	26.80～27.00 29.80～30.00
气门总长度/mm　　进气门　　排气门	104.84～105.34 103.64～104.14
凸轮轴最大轴向间隙/mm	0.20
气门与气门导管间隙磨损极限/mm	0.80
气门座尺寸	进气门座： 　　$a=26.2$mm 　　b：最大允许修整尺寸 　　$c=1.5\sim1.8$mm 　　$\alpha=45°$ 　　$\beta=30°$ 　　$\gamma=60°$ 排气门座： 　　$a=29.0$mm 　　b：最大允许修整尺寸 　　$c=$约1.8mm 　　$\alpha=45°$ 　　$\beta=30°$ 　　$\gamma=60°$
机油压力/kPa　　怠速　　3000rpm	100～250 300～500
机油泵齿隙/mm　　新泵　　磨损极限	0.05 0.20
机油泵轴向间隙/mm　　新泵　　磨损极限	 0.15

续表

项　　目	帕萨特 B5
阀体识别代号	LCA
冷却系加液口盖限压阀开启压力/kPa	140～160
节温器阀开启温度/℃ 　　　　全开温度/℃ 　　　　全开行程/mm	约 87 约 102 至少 8
变速器识别代号	DFG
液力变矩器识别代号	LADC
摩擦片数量 　离合器 K1　内 　　　　　　外 　离合器 K2　内 　　　　　　外 　离合器 K3　内 　　　　　　外 　制动器 B1　内 　　　　　　外 　制动器 B2　内 　　　　　　外	 5 5 5 5 5 4 5 5 6 7
变速比 　第 1 挡 　第 2 挡 　第 3 挡 　第 4 挡 　倒挡	 2.714 1.551 1.000 0.679 2.111
行星齿轮变速器齿数 　输入齿轮 　输出齿轮	 51 44
行星齿轮变速器变速比	0.863
主减速器齿数 　驱动小齿轮 　主减速器齿轮	 9 40
主减速器变速比	4.444
传动轴法兰直径/mm	108
主要部件扭紧力矩/(N·m)	
发动机支座与副车架	25
发动机悬置与发动机支座	25

续表

项　　目	帕萨特 B5
阀体识别代号	LCA
扭矩反应器支座挡块与支座的支架	25
驱动盘与变矩器 M10×1	85
空调压缩机与支架	25
动力转向泵与支架	25
进气歧管与气缸盖	10
进气歧管支架与进气歧管	20
与支座	20
燃油歧管与进气歧管	10
冷却液管与法兰	10
冷却液管与进气歧管	10
气缸盖罩与气缸盖	10
点火线圈与气缸盖罩	10
火花塞与缸盖	30
轴承盖与气缸盖	10
传动链张紧装置与气缸盖	10
霍尔传感器壳与缸盖	25
霍尔传感器壳体与缸盖	10
多楔带张紧装置与支座	25
油底壳与缸体 M5	10
M10	45
凸轮轴皮带轮与凸轮轴	65
油底壳与变速器	45
发动机悬置与副车架	25
发动机悬置与发动机支架	25
扭矩反应器支架隔套与发动机上的支座	25
扭矩反应器支架的支座与发动机	25
纵向支撑与扭矩反应器支座	25
纵向支撑与发动机支架	20
轴承盖与冷却液泵壳体	10
冷却液泵壳体与正时带护罩	10
发电机、叶片泵及粘液型风扇与缸体	25

续表

项　目	帕萨特 B5
缸体(左侧)支柱/发电机、叶片泵及粘液型风扇的支座	
与缸体	25
与支座	20
扭矩反应器支柱/发电机、叶片泵及粘液型风扇的支座	
与扭矩反应器支架	25
与支座	20
发电机与支座	
M8	30
M10	40
主轴瓦螺栓	65N·m+90°
飞轮螺栓	10N·m+90°
连杆盖螺母	30N·m+90°
气缸盖螺栓	60N·m+180°(允许分两次再拧180°)
凸轮轴瓦盖螺栓	10
凸轮轴正时齿轮固定螺栓	65
飞轮/传动盘紧固螺栓	60N·m+90°
曲轴正时带轮固定螺栓	90
爆震传感器	20
火花塞	30
λ传感器	50
机油温度传感器	10
机油压力开关	25
机油放油螺塞	50
冷却液放液螺塞	30
传动轴与变速器 M8	44
传动轴与变速器 M10	77
变矩器与驱动盘	85
传动轴保护板与变速器	25
换挡杆拉索保护板与变速器 M6	10
换挡杆拉索保护板与变速器 M10	25
右侧粘接橡胶支架保护板与变速器	10

续表

项　　目	帕萨特 B5
支撑支架/换挡杆拉索与变速器	23
换挡杆拉索与支撑支架	12
起动机到变速器	65
车轮螺栓至车轮轮毂	120
小传动轴螺栓	30
传动轴至轮毂 M14 　　　　　　M16	115N·m+180°（每次均更换） 190N·m+180°（每次均更换）
右传动轴上方保护板至变速器	20
差速器机油滤清器密封塞	25
发电机 B+导线	15±1
空调装置压力开关 F129	8
压缩机支架固定螺栓	25

附录 4

机动车检测维修设备及工具分类与代码

中华人民共和国交通行业标准

JT/T 297—1996

为了适应我国机动车检测维修设备及工具产品型号的编制和行业计划、统计、普查、科研等工作的信息处理及信息交换的需要,本标准规定了机动车检测维修设备及工具的分类原则、编码方法及分类代码,从而为机动车检测维修行业的产品规定了统一的分类方法和代码规则。

1. 范围

本标准规定了机动车检测维修专门化和专用设备及工具的分类与代码。

本标准适用于机动车检测维修设备行业计划、统计、普查、科研等工作的信息处理系统以及各系统的信息交换。

2. 分类原则

本标准根据机动车检测维修设备及工具的特点采用线分类法，分为大类和小类。大类以机动车检测维修设备及工具的用途划分；小类按产品的使用功能、设计原理及结构特征等综合因素划分。小类是大类的延拓和细化。

3. 编码方法

本标准采用字母与数字混合层次编码法。大类为一位字母型代码，小类为二位数字型代码。大类代码可以单独使用，小类代码须与大类代码组合使用。编排代码时留有空码备用。

4. 分类与代码

机动车检测维修设备及工具分类与代码见表1。

表1 机动车检测维修设备及工具分类与代码

代码		设备及工具类别名称
大类	小类	
A		汽车检测诊断设备
A	01	汽车侧滑检测仪
A	03	汽车车轮定位检测仪
A	05	汽车车轮前束尺
A	07	汽车转向轮转角检测仪
A	09	汽车行驶制动参数检测仪
A	11	汽车制动力检测仪
A	13	汽车制动踏板力计
A	15	汽车轴（轮）重仪
A	17	汽车轴（轮）重及制动力检测仪
A	19	汽车车速表检测仪
A	21	汽车制动力及车速表检测仪
A	23	汽车前灯检测仪
A	25	汽车可视光线透过率检测仪
A	27	汽车排放气体检测仪
A	29	柴油车烟度计
A	31	汽车油耗仪
A	33	气体燃料车辆检测器
A	35	汽车底盘测功仪
A	37	汽车底盘性能检测仪
A	39	汽车车轮就车平衡机
A	41	汽车转向盘自由转角检测仪
A	43	汽车转向盘转向力及转向角检测仪
A	45	汽车转向器及悬架系统间隙检查仪
A	47	汽车传动系异响检测仪
A	49	汽车密封性试验装置

续表

代码		设备及工具类别名称
大　类	小　类	
B		汽车发动机检测诊断设备
B	01	汽油机性能检测仪
B	03	柴油机性能检测仪
B	05	发动机水力测功器
B	07	发动机电力测功器
B	09	发动机电涡流测功器
B	11	发动机无外载测功仪
B	13	发动机异响检测仪
B	15	发动机燃烧室容积检测仪
B	17	发动机转速量表
B	19	气缸压力量表
B	21	气缸漏气量(率)检测仪
B	23	发动机机油压力量表
B	25	汽车润滑油质检测仪
B	27	发动机曲轴箱窜气量检测仪
B	29	汽油机点火正时仪
B	31	柴油机喷油正时及转速量表
B	33	汽油机转速及分电器闭合角检测仪
B	35	发动机测温计
B	37	发动机皮带张紧力量表
B	39	发动机内窥镜
B	41	柴油机供油系性能检测仪
B	43	柴油机燃油喷射压力量表
B	45	发动机进气歧管真空度表
B	47	进气歧管真空度及燃油压力量表
B	49	散热器盖密封性检测仪
C		汽车发动机检修设备及工具
C	01	气缸体位置公差检测仪
C	03	气缸体轴瓦量表
C	05	气缸量表
C	07	连杆校验器
C	09	曲轴平衡机
C	11	曲轴及飞轮离合器平衡机
C	13	发动机轴瓦间隙检查塑料塞规
C	15	气门弹簧试验机
C	17	发动机配气机构密封性检验器
C	19	机油泵试验台
C	21	柴油机调速器试验台
C	23	燃油输油泵检验器
C	25	空气滤清器检验仪

续表

代码 大类	代码 小类	设备及工具类别名称
C	27	空气净化器件检验仪
C	29	发动机电控燃油喷射检测仪
C	31	柴油机燃油喷射泵试验台
C	33	柴油机喷油器径部密封性试验台
C	35	柴油机喷油器锥面密封性试验台
C	37	柴油机喷油器柱塞偶件减压阀试验台
C	39	柴油机喷油器检验器
C	41	发动机零件磁粉探伤机
D		汽车发动机维修作业设备及工具
D	01	发动机维修作业台
D	03	发动机翻转架
D	05	发动机维修作业机
D	07	发动机冷磨机
D	09	活塞加热器
D	11	活塞环拆装器
D	13	活塞环压缩器
D	15	气门弹簧拆装钳
D	17	顶置式气门调整器
D	19	气门挺杆调整器
D	21	发动机软管夹钳
D	23	发动机软管剪钳
D	25	柴油机燃油喷射泵拆装作业台
D	27	柴油机燃油喷射泵拆装工具
D	29	柴油机燃油喷射泵清洗机
D	31	柴油机喷油器清洗机
E		汽车发动机维修加工设备及工具
E	01	发动机轴瓦镗床
E	03	气缸体轴瓦镗床
E	05	气缸体轴瓦拉床
E	07	气缸体轴瓦铰刀
E	09	曲轴瓦拉刀
E	11	凸轮轴瓦拉刀
E	13	气缸体平面磨床
E	15	气缸镗床
E	17	气缸珩磨机
E	19	气缸珩磨头
E	21	气缸镗磨机
E	23	气缸抛光器
E	25	气缸口刮削器
E	27	气缸口可调铰刀

续表

代码		设备及工具类别名称
大类	小类	
E	29	气缸盖铣磨床
E	31	活塞销孔铰压机
E	33	活塞销孔铰刀
E	35	连杆瓦镗床
E	37	连杆瓦拉(推)削机
E	39	连杆瓦拉(推)刀
E	41	连杆衬套滚压机
E	43	连杆衬套铰压机
E	45	连杆衬套铰刀
E	47	活塞销孔及连杆衬套铰压刀
E	49	活塞销孔及连杆衬套铰刀
E	51	曲轴磨床
E	53	凸轮轴磨机
E	55	气门修磨机
E	57	气门研磨机
E	59	气门座镗削机
E	61	气门座修磨机
E	63	气门座镗铰机
E	65	气门座铰刀
F		汽车底盘检测诊断设备及工具
F	01	变速壳位置公差检测仪
F	03	变速器试验台
F	05	变速器机油压力量表
F	07	传动轴检测校正机
F	09	传动轴平衡机
F	11	传动轴十字轴检测仪
F	13	差速器壳位置公差检测仪
F	15	前轴位置公差检测仪
F	17	汽车车轮平衡机
F	19	轮胎气压量表
F	21	轮胎磨损量表
F	23	轮胎金属探测器
F	25	半轴套管磁粉探伤机
F	27	制动鼓量表
F	29	制动助力器检测仪
F	31	制动防抱死装置检测仪
G		汽车底盘维修作业设备及工具
G	01	汽车底盘总成拆装机
G	03	离合顺拆装作业台
G	05	变速拆装作业台

续表

代码		设备及工具类别名称
大类	小类	
G	07	前桥维修作业台
G	09	减速器拆装作业台
G	11	后桥差速器传动凸缘止转工具
G	13	车架校正机
G	15	汽车钢板弹簧U形螺栓拆装机
G	17	汽车车轮拆装车
G	19	汽车车轮螺母拆装机
G	21	车轮平块夹钳
G	23	轮毂螺母拆装工具
G	25	轮胎拆装机
G	27	轮胎拆装工具
G	29	轮胎热修复机
G	31	轮胎翻转扩张器
G	33	轮胎烙印机
G	35	轮胎充气装置
G	37	轮胎气门旋具
G	39	实心轮胎装配器
G	41	内胎热修复机
G	43	汽车制动装置维修成套工具
G	45	盘式制动器压装器
G	47	制动液更换器
G	49	制动蹄回位弹簧夹钳
H		汽车底盘维修加工设备及工具
H	01	半轴套管螺纹修正器
H	03	转向节螺纹修正器
H	05	转向节主销衬套铰刀
H	07	转向节衬套滚压
H	09	转向盘立柱承孔铰刀
H	11	制动蹄摩擦片切削机
H	13	制动蹄摩擦片修磨机
H	15	制动蹄摩擦片铆接机
H	17	制动蹄摩擦片钻铆机
H	19	制动蹄摩擦片钻铆磨机
H	21	制动蹄摩擦片粉尘清理机
H	23	制动蹄摩擦片粘接加热炉
H	25	制动鼓切削机
H	27	制动鼓及制动蹄摩擦片切削机
H	29	制动盘切削机

续表

代码		设备及工具类别名称
大类	小类	
J		汽车电气设备及车用辅助装置检修设备及工具
J	01	电气设备试验台
J	03	电气设备线路检测仪
J	05	电气设备绝缘电阻检测仪
J	07	低压电气设备检测仪
J	09	电容器及电气设备绝缘电阻检测仪
J	11	发电机及起动机试验台
J	13	直流发电机检测仪
J	15	直流发电机试验台
J	17	交流发电机检测仪
J	19	交流发电机试验台
J	21	电机电枢检测仪
J	23	发电机调节器检测仪
J	25	蓄电池检测仪
J	27	蓄电池电解液密度计
J	29	点火线圈检测仪
J	31	点火线圈及电容器检测仪
J	33	汽车点火模拟装置
J	35	分电器试验台
J	37	起动机故障检测仪
J	39	车用空调设备维修检查器
J	41	车用空调设备制冷剂泄漏检查器
K		汽车电气设备及车用辅助装置维修作业设备及工具
		汽车维修作业电源设备
K	01	蓄电池充电器
K	03	蓄电池放电叉
K	05	分电器触点间隙调整旋具
K	07	分电器触点磨平机
K	09	火花塞清洁器
K	11	火花塞清洁检验器
K	13	火花塞拆装扳手
K	15	车用空调制冷剂自动更换器
K	17	车用空调制冷剂回收再生装置
K	19	
L		汽车车身维修整形设备及工具
L	01	车身检测校正机
L	03	车身校正外形检测器
L	05	车身校正装置
L	07	车身校正支撑器
L	09	车身校正真空吸附盘拉器

续表

代码		设备及工具类别名称
大 类	小 类	
L	11	车身校正液压泵
L	13	车身钣件液压校正工具
L	15	车身钣件校正焊接拉器
L	17	车身钣件校正工具
L	19	车身钣件延伸工具
L	21	车身钣件电热变形校正机
L	23	车身钣件拆弯冲孔器
L	25	车身钣件拆除钳
L	27	车身钣焊打孔钳
L	29	车身钣焊剪钳
L	31	车身点焊打孔器
L	33	车身整形焊斑切除器
L	35	车身整形敛缝胶充填枪
N		汽车维修喷涂电镀设备及工具
N	01	车身维修涂装成套设备
N	03	汽车喷漆烤漆房
N	05	汽车静电涂装机
N	07	汽车喷漆红外线干燥装置
N	09	车身底部喷涂装置
N	11	汽车维修喷砂设备
N	13	汽车喷漆调色设备
N	15	汽车维修电刷镀机
P		汽车清洗除尘设备及工具
P	01	汽车清洗机
P	03	汽车清洗刷
P	05	汽车打蜡机
P	07	汽车零件清洗机
P	09	发动机不解体燃烧室清洁器
P	11	油箱清洗机
Q		汽车举升吊运设备及工具
Q	01	汽车维修作业举升吊运成套设备
Q	03	柱式汽车举升机
Q	05	菱架式汽车举升机
Q	07	倾斜式汽车举升机
Q	09	地坑式汽车举升机
Q	11	汽车车轮维修举升机
Q	13	汽车底盘检查升降台
Q	15	汽车千斤顶
Q	17	发动机拆装架
Q	19	变速器拆装架

续表

代码		设备及工具类别名称
大类	小类	
Q	21	后桥差速器拆装架
Q	23	钢板弹簧拆装架
Q	25	发动机吊架
Q	27	变速器吊架
Q	29	汽车救援拖运装置
R		汽车润滑加注设备及工具
R	01	汽车软管卷盘加注成套设备
R	03	汽车润滑油分配成套设备
R	05	汽车润滑脂加注器
R	07	汽车润滑脂加注器
R	09	汽车润滑油更换机
S		汽车过盈配合件拆装设备及工具
S	01	汽车零件拆装压力机
S	03	汽车零件拆装成套拉器
S	05	汽车壳体件轴承拉器
S	07	连杆衬套拆装机
S	09	汽车轴承油封拆取器
S	11	汽车齿轮拉器
S	13	发动机气缸套拉器
S	15	气门座圈拉器
S	17	变速器轴承拉器
S	19	半轴套管拆装机
S	21	车轮轴承拉器
S	23	车轮内轴承座圈拉器
S	25	轮毂轴承安装器
S	27	轮毂轴承拉器
S	29	后轴轴承拉器
S	31	转向盘拉器
S	33	转向臂拉器
S	35	转向横拉杆球头拆卸器
S	37	扭杆轴瓦拆装器
S	39	制动蹄支承销拉器
S	41	发电机轴承拉器
S	43	电机电枢轴承拉器
W		汽车检测维修设备微机控制系统
W	01	汽车故障诊断微机控制系统
W	03	汽车检测设备微机控制系统
W	05	汽车维修设备微机控制系统
W	07	发动机检测设备微机控制系统
W	09	汽车喷涂设备微机控制系统

续表

代码		设备及工具类别名称
大 类	小 类	
Z		摩托车及其它机动车检测维修设备及工具
Z	01	摩托车车轮定位检测仪
Z	03	摩托车制动力检测仪
Z	05	摩托车轮（轴）重仪
Z	07	摩托车车速表检测仪
Z	09	摩托车前照灯检测仪
Z	11	摩托车车轮平衡机
Z	13	摩托车轮毂轴承拉器
Z	15	摩托车电检测仪
Z	17	摩托车磁电机试验台
Z	19	摩托车车架校正机
Z	21	摩托车举升机
Z	23	摩托车吊架

附录 5

机动车维修管理规定

中华人民共和国交通部令

(2005 年第 7 号)

第一章 总则

第一条 为规范机动车维修经营活动,维护机动车维修市场秩序,保护机动车维修各方当事人的合法权益,保障机动车运行安全,保护环境,节约能源,促进机动车维修业的健康发展,根据《中华人民共和国道路运输条例》及有关法律、行政法规的规定,制定本规定。

第二条 从事机动车维修经营的,应当遵守本规定。

本规定所称机动车维修经营,是指以维持或者恢复机动车技术状况和正常功能,延长机动车使用寿命为作业任务所进行的维护、修理以及维修救援等相关经营活动。

第三条　机动车维修经营者应当依法经营,诚实信用,公平竞争,优质服务。

第四条　机动车维修管理,应当公平、公正、公开和便民。

第五条　任何单位和个人不得封锁或者垄断机动车维修市场。鼓励机动车维修企业实行集约化、专业化、连锁经营,促进机动车维修业的合理分工和协调发展。鼓励推广应用机动车维修环保、节能、不解体检测和故障诊断技术,推进行业信息化建设和救援、维修服务网络化建设,提高机动车维修行业整体素质,满足社会需要。

第六条　交通部主管全国机动车维修管理工作。县级以上地方人民政府交通主管部门负责组织领导本行政区域的机动车维修管理工作。县级以上道路运输管理机构负责具体实施本行政区域内的机动车维修管理工作。

第二章　经营许可

第七条　机动车维修经营依据维修车型种类、服务能力和经营项目实行分类许可。机动车维修经营业务根据维修对象分为汽车维修经营业务、危险货物运输车辆维修经营业务、摩托车维修经营业务和其他机动车维修经营业务四类。汽车维修经营业务、其他机动车维修经营业务根据经营项目和服务能力分为一类维修经营业务、二类维修经营业务和三类维修经营业务。摩托车维修经营业务根据经营项目和服务能力分为一类维修经营业务和二类维修经营业务。

第八条　获得一类汽车维修经营业务、一类其他机动车维修经营业务许可的,可以从事相应车型的整车修理、总成修理、整车维护、小修、维修救援、专项修理和维修竣工检验工作;获得二类汽车维修经营业务、二类其他机动车维修经营业务许可的,可以从事相应车型的整车修理、总成修理、整车维护、小修、维修救援和专项修理工作;获得三类汽车维修经营业务、三类其他机动车维修经营业务许可的,可以分别从事发动机、车身、电气系统、自动变速器维修及车身清洁维护、涂漆、轮胎动平衡和修补、四轮定位检测调整、供油系统维护和油品更换、喷油泵和喷油器维修、曲轴修磨、气缸镗磨、散热器(水箱)和空调维修、车辆装潢(篷布、坐垫及内装饰)、车辆玻璃安装等专项工作。

第九条　获得一类摩托车维修经营业务许可的,可以从事摩托车整车修理、总成修理、整车维护、小修、专项修理和竣工检验工作;获得二类摩托车维修经营业务许可的,可以从事摩托车维护、小修和专项修理工作。

第十条　获得危险货物运输车辆维修经营业务许可的,除可以从事危险货物运输车辆维修经营业务外,还可以从事一类汽车维修经营业务。

第十一条　申请从事汽车维修经营业务或者其他机动车维修经营业务的,应当符合下列条件:

(一)有与其经营业务相适应的维修车辆停车场和生产厂房。租用的场地应当有书面的租赁合同,且租赁期限不得少于1年。停车场和生产厂房面积按照国家标准《汽车维修业开业条件》(GB/T 16739—2004)相关条款的规定执行。

(二)有与其经营业务相适应的设备、设施。所配备的计量设备应当符合国家有关技术标准要求,并经法定检定机构检定合格。从事汽车维修经营业务的设备、设施的具体要求按照国家标准《汽车维修业开业条件》(GB/T 16739—2004)相关条款的规定执行;从事其他机动车维修经营业务的设备、设施的具体要求,参照国家标准《汽车维修业开业条件》(GB/T 16739—2004)执行，但所配备设施、设备应与其维修车型相适应。

（三）有必要的技术人员：

1. 从事一类和二类维修业务的应当各配备至少1名技术负责人员和质量检验人员。技术负责人员应当熟悉汽车或者其他机动车维修业务，并掌握汽车或者其他机动车维修及相关政策法规和技术规范；质量检验人员应当熟悉各类汽车或者其他机动车维修检测作业规范，掌握汽车或者其他机动车维修故障诊断和质量检验的相关技术，熟悉汽车或者其他机动车维修服务收费标准及相关政策法规和技术规范。技术负责人员和质量检验人员总数的60%应当经全国统一考试合格。

2. 从事一类和二类维修业务的应当各配备至少1名从事机修、电气、钣金、涂漆的维修技术人员；从事机修、电气、钣金、涂漆的维修技术人员应当熟悉所从事工种的维修技术和操作规范，并了解汽车或者其他机动车维修及相关政策法规。机修、电气、钣金、涂漆维修技术人员总数的40%应当经全国统一考试合格。

3. 从事三类维修业务的，按照其经营项目分别配备相应的机修、电气、钣金、涂漆的维修技术人员；从事发动机维修、车身维修、电气系统维修、自动变速器维修的，还应当配备技术负责人员和质量检验人员。技术负责人员、质量检验人员及机修、电气、钣金、涂漆维修技术人员总数的40%应当经全国统一考试合格。

（四）有健全的维修管理制度。包括质量管理制度、安全生产管理制度、车辆维修档案管理制度、人员培训制度、设备管理制度及配件管理制度。具体要求按照国家标准《汽车维修业开业条件》(GB/T 16739—2004)相关条款的规定执行。

（五）有必要的环境保护措施。具体要求按照国家标准《汽车维修业开业条件》(GB/T16739—2004)相关条款的规定执行。

第十二条 从事危险货物运输车辆维修的汽车维修经营者，除具备汽车维修经营一类维修经营业务的开业条件外，还应当具备下列条件：

（一）有与其作业内容相适应的专用维修车间和设备、设施，并设置明显的指示性标志。

（二）有完善的突发事件应急预案，应急预案包括报告程序、应急指挥以及处置措施等内容。

（三）有相应的安全管理人员。

（四）有齐全的安全操作规程。

本规定所称危险货物运输车辆维修，是指对运输易燃、易爆、腐蚀、放射性、剧毒等性质货物的机动车维修，不包含对危险货物运输车辆罐体的维修。

第十三条 申请从事摩托车维修经营的，应当符合下列条件：

（一）有与其经营业务相适应的摩托车维修停车场和生产厂房。租用的场地应有书面的租赁合同，且租赁期限不得少于1年。停车场和生产厂房的面积按照国家标准《摩托车维修业开业条件》(GB/T 18189—2000)相关条款的规定执行。

（二）有与其经营业务相适应的设备、设施。所配备的计量设备应符合国家有关技术标准要求，并经法定检定机构检定合格。具体要求按照国家标准《摩托车维修业开业条件》(GB/T 18189—2000)相关条款的规定执行。

（三）有必要的技术人员：

1. 从事一类维修业务的应当至少有1名质量检验人员。质量检验人员应当熟悉各类摩托车维修检测作业规范,掌握摩托车维修故障诊断和质量检验的相关技术,熟悉摩托车维修服务收费标准及相关政策法规和技术规范。质量检验人员总数的60%应当经全国统一考试合格。

2. 按照其经营业务分别配备相应的机修、电气、钣金、涂漆的维修技术人员。机修、电气、钣金、涂漆的维修技术人员应当熟悉所从事工种的维修技术和操作规范,并了解摩托车维修及相关政策法规。机修、电气、钣金、涂漆维修技术人员总数的30%应当经全国统一考试合格。

(四)有健全的维修管理制度。包括质量管理制度、安全生产管理制度、摩托车维修档案管理制度、人员培训制度、设备管理制度及配件管理制度。具体要求按照国家标准《摩托车维修业开业条件》(GB/T 18189—2000)相关条款的规定执行。

(五)有必要的环境保护措施。具体要求按照国家标准《摩托车维修业开业条件》(GB/T 18189—2000)相关条款的规定执行。

第十四条 申请从事机动车维修经营的,应当向所在地的县级道路运输管理机构提出申请,并提交下列材料:

(一)《交通行政许可申请书》。

(二)经营场地、停车场面积材料、土地使用权及产权证明复印件。

(三)技术人员汇总表及相应职业资格证明。

(四)维修检测设备及计量设备检定合格证明复印件。

(五)按照汽车、其他机动车、危险货物运输车辆、摩托车维修经营,分别提供本规定第十一条、第十二条、第十三条规定条件的其他相关材料。

第十五条 道路运输管理机构应当按照《中华人民共和国道路运输条例》和《交通行政许可实施程序规定》规范的程序实施机动车维修经营的行政许可。

第十六条 道路运输管理机构对机动车维修经营申请予以受理的,应当自受理申请之日起15日内做出许可或者不予许可的决定。符合法定条件的,道路运输管理机构做出准予行政许可的决定,向申请人出具《交通行政许可决定书》,在10日内向被许可人颁发机动车维修经营许可证件,明确许可事项;不符合法定条件的,道路运输管理机构做出不予许可的决定,向申请人出具《不予交通行政许可决定书》,说明理由,并告知申请人享有依法申请行政复议或者提起行政诉讼的权利。

机动车维修经营者应当持机动车维修经营许可证件依法向工商行政管理机关办理有关登记手续。

第十七条 申请机动车维修连锁经营服务网点的,可由机动车维修连锁经营企业总部向连锁经营服务网点所在地县级道路运输管理机构提出申请,提交下列材料,并对材料真实性承担相应的法律责任:

(一)机动车维修连锁经营企业总部机动车维修经营许可证件复印件。

(二)连锁经营协议书副本。

(三)连锁经营的作业标准和管理手册。

(四)连锁经营服务网点符合机动车维修经营相应开业条件的承诺书。

道路运输管理机构在查验申请资料齐全有效后,应当场或在5日内予以许可,并发给相应许可证件。连锁经营服务网点的经营许可项目应当在机动车维修连锁经营企业总部许可项目的范围内。

第十八条 机动车维修经营许可证件实行有效期制。从事一、二类汽车维修业务和一类摩托车维修业务的证件有效期为 6 年；从事三类汽车维修业务、二类摩托车维修业务及其他机动车维修业务的证件有效期为 3 年。

机动车维修经营许可证件由各省、自治区、直辖市道路运输管理机构统一印制并编号，县级道路运输管理机构按照规定发放和管理。

第十九条 机动车维修经营者应当在许可证件有效期届满前 30 日到做出原许可决定的道路运输管理机构办理换证手续。

第二十条 机动车维修经营者变更许可事项的，应当按照本章有关规定办理行政许可事宜。机动车维修经营者变更名称、法定代表人、地址等事项的，应当向做出原许可决定的道路运输管理机构备案。

机动车维修经营者需要终止经营的，应当在终止经营前 30 日告知做出原许可决定的道路运输管理机构办理注销手续。

第三章 维修经营

第二十一条 机动车维修经营者应当按照经批准的行政许可事项开展维修服务。

第二十二条 机动车维修经营者应当将机动车维修经营许可证件和《机动车维修标志牌》悬挂在经营场所的醒目位置。

《机动车维修标志牌》由机动车维修经营者按照统一式样和要求自行制作。

第二十三条 机动车维修经营者不得擅自改装机动车，不得承修已报废的机动车，不得利用配件拼装机动车。

托修方要改变机动车车身颜色，更换发动机、车身和车架的，应当按照有关法律、法规的规定办理相关手续，机动车维修经营者在查看相关手续后方可承修。

第二十四条 机动车维修经营者应当加强对从业人员的安全教育和职业道德教育，确保安全生产。

机动车维修从业人员应当执行机动车维修安全生产操作规程，不得违章作业。

第二十五条 机动车维修产生的废弃物，应当按照国家的有关规定进行处理。

第二十六条 机动车维修经营者应当公布机动车维修工时定额和收费标准，合理收取费用。机动车维修工时定额可按各省机动车维修协会等行业中介组织统一制定的标准执行，也可按机动车维修经营者报所在地道路运输管理机构备案后的标准执行，也可按机动车生产厂家公布的标准执行。当上述标准不一致时，优先适用机动车维修经营者备案的标准。

机动车维修经营者应当将其执行的机动车维修工时单价标准报所在地道路运输管理机构备案。

机动车生产厂家在新车型投放市场后一个月内，有义务向社会公布其维修技术资料和工时定额。

第二十七条 机动车维修经营者应当使用规定的结算票据，并向托修方交付维修结算清单。维修结算清单中，工时费与材料费应分项计算。维修结算清单格式和内容由省级道路运输管理机构制定。

机动车维修经营者不出具规定的结算票据和结算清单的，托修方有权拒绝支付费用。

第二十八条　机动车维修经营者应当按照规定，向道路运输管理机构报送统计资料。道路运输管理机构应当为机动车维修经营者保守商业秘密。

第二十九条　机动车维修连锁经营企业总部应当按照统一采购、统一配送、统一标识、统一经营方针、统一服务规范和价格的要求，建立连锁经营的作业标准和管理手册，加强对连锁经营服务网点经营行为的监管和约束，杜绝不规范的商业行为。

第四章　质量管理

第三十条　机动车维修经营者应当按照国家、行业或者地方的维修标准和规范进行维修。尚无标准或规范的，可参照机动车生产企业提供的维修手册、使用说明书和有关技术资料进行维修。

第三十一条　机动车维修经营者不得使用假冒伪劣配件维修机动车。

机动车维修经营者应当建立采购配件登记制度，记录购买日期、供应商名称、地址、产品名称及规格型号等，并查验产品合格证等相关证明。

机动车维修经营者对于换下的配件、总成，应当交托修方自行处理。机动车维修经营者应当将原厂配件、副厂配件和修复配件分别标识，明码标价，供用户选择。

第三十二条　机动车维修经营者对机动车进行二级维护、总成修理、整车修理的，应当实行维修前诊断检验、维修过程检验和竣工质量检验制度。承担机动车维修竣工质量检验的机动车维修企业或机动车综合性能检测机构应当使用符合有关标准并在检定有效期内的设备，按照有关标准进行检测，如实提供检测结果证明，并对检测结果承担法律责任。

第三十三条　机动车维修竣工质量检验合格的，维修质量检验人员应当签发《机动车维修竣工出厂合格证》；未签发机动车维修竣工出厂合格证的机动车，不得交付使用，车主可以拒绝交费或接车。机动车维修竣工出厂合格证由省级道路运输管理机构统一印制和编号，县级道路运输管理机构按照规定发放和管理。禁止伪造、倒卖、转借机动车维修竣工出厂合格证。

第三十四条　机动车维修经营者对机动车进行二级维护、总成修理、整车修理的，应当建立机动车维修档案。机动车维修档案主要内容包括：维修合同、维修项目、具体维修人员及质量检验人员、检验单、竣工出厂合格证（副本）及结算清单等。机动车维修档案保存期为二年。

第三十五条　道路运输管理机构应当加强对机动车维修专业技术人员的管理，严格执行专业技术人员考试和管理制度。机动车维修专业技术人员考试及管理具体办法另行制定。

第三十六条　道路运输管理机构应当加强对机动车维修经营的质量监督和管理工作，可委托具有法定资格的机动车维修质量监督检验中心，对机动车维修质量进行监督检验。

第三十七条　机动车维修实行竣工出厂质量保证期制度。

汽车和危险货物运输车辆整车修理或总成修理质量保证期为车辆行驶20000公里或者100日；二级维护质量保证期为车辆行驶5000公里或者30日；一级维护、小修及专项修理质量保证期为车辆行驶2000公里或者10日。摩托车整车修理或者总成修理质量保证为摩托车行驶 7000 公里或者 80 日；维护、小修及专项修理质量保证期为摩托车行驶 800 公里或者 10 日。其他机动车整车修理或者总成修理质量保证期为机动车行驶 6000 公里或者 60 日；维护、小修及专项修理质量保证期为机动车行驶 700 公里或者 7 日。质量保证期中行驶里程和日期指标，以先达到者为准。机动车维修质量保证期，从维修竣工出厂之日起计算。

第三十八条 在质量保证期和承诺的质量保证期内，因维修质量原因造成机动车无法正常使用，且承修方在 3 日内不能或者无法提供因非维修原因而造成机动车无法使用的相关证据的，机动车维修经营者应当及时无偿返修，不得故意拖延或者无理拒绝。

在质量保证期内，机动车因同一故障或维修项目经两次修理仍不能正常使用的，机动车维修经营者应当负责联系其他机动车维修经营者，并承担相应修理费用。

第三十九条 机动车维修经营者应当公示承诺的机动车维修质量保证期。所承诺的质量保证期不得低于第三十七条的规定。

第四十条 道路运输管理机构应当受理机动车维修质量投诉，积极按照维修合同约定和相关规定调解维修质量纠纷。

第四十一条 机动车维修质量纠纷双方当事人均有保护当事车辆原始状态的义务。必要时可拆检车辆有关部位，但双方当事人应同时在场，共同认可拆检情况。

第四十二条 对机动车维修质量的责任认定需要进行技术分析和鉴定，且承修方和托修方共同要求道路运输管理机构出面协调的，道路运输管理机构应当组织专家组或委托具有法定检测资格的检测机构做出技术分析和鉴定。鉴定费用由责任方承担。

第四十三条 对机动车维修经营者实行质量信誉考核制度。机动车维修质量信誉考核办法另行制定。机动车维修质量信誉考核内容应当包括经营者基本情况、经营业绩（含奖励情况）、不良记录等。

第四十四条 道路运输管理机构应当建立机动车维修企业诚信档案。机动车维修质量信誉考核结果是机动车维修诚信档案的重要组成部分。

道路运输管理机构建立的机动车维修企业诚信信息，除涉及国家秘密、商业秘密外，应当依法公开，供公众查阅。

第五章　监督检查

第四十五条 道路运输管理机构应当加强对机动车维修经营活动的监督检查。

道路运输管理机构的工作人员应当严格按照职责权限和程序进行监督检查，不得滥用职权、徇私舞弊，不得乱收费、乱罚款。

第四十六条 道路运输管理机构应当积极运用信息化技术手段，科学、高效地开展机动车维修管理工作。

第四十七条 道路运输管理机构的执法人员在机动车维修经营场所实施监督检查时，应当有 2 名以上人员参加，并向当事人出示交通部监制的交通行政执法证件。道路运输管理机构实施监督检查时，可以采取下列措施：

（一）询问当事人或者有关人员，并要求其提供有关资料。

（二）查询、复制与违法行为有关的维修台账、票据、凭证、文件及其他资料，核对与违法行为有关的技术资料。

（三）在违法行为发现场所进行摄影、摄像取证。

（四）检查与违法行为有关的维修设备及相关机具的有关情况。检查的情况和处理结果应当记录，并按照规定归档。当事人有权查阅监督检查记录。

第四十八条　从事机动车维修经营活动的单位和个人，应当自觉接受道路运输管理机构及其工作人员的检查，如实反映情况，提供有关资料。

第六章　法律责任

第四十九条　违反本规定，有下列行为之一，擅自从事机动车维修相关经营活动的，由县级以上道路运输管理机构责令其停止经营；有违法所得的，没收违法所得，处违法所得2倍以上10倍以下的罚款；没有违法所得或者违法所得不足1万元的，处2万元以上5万元以下的罚款；构成犯罪的，依法追究刑事责任：

（一）未取得机动车维修经营许可，非法从事机动车维修经营的。

（二）使用无效、伪造、变造机动车维修经营许可证件，非法从事机动车维修经营的。

（三）超越许可事项，非法从事机动车维修经营的。

第五十条　违反本规定，机动车维修经营者非法转让、出租机动车维修经营许可证件的，由县级以上道路运输管理机构责令停止违法行为，收缴转让、出租的有关证件，处以2000元以上1万元以下的罚款；有违法所得的，没收违法所得。对于接受非法转让、出租的受让方，应当按照第四十九条的规定处罚。

第五十一条　违反本规定，机动车维修经营者使用假冒伪劣配件维修机动车，承修已报废的机动车或者擅自改装机动车的，由县级以上道路运输管理机构责令改正，并没收假冒伪劣配件及报废车辆；有违法所得的，没收违法所得，处违法所得2倍以上10倍以下的罚款；没有违法所得或者违法所得不足1万元的，处2万元以上5万元以下的罚款，没收假冒伪劣配件及报废车辆；情节严重的，由原许可机关吊销其经营许可；构成犯罪的，依法追究刑事责任。

第五十二条　违反本规定，机动车维修经营者签发虚假或者不签发机动车维修竣工出厂合格证的，由县级以上道路运输管理机构责令改正；有违法所得的，没收违法所得，处以违法所得2倍以上10倍以下的罚款；没有违法所得或者违法所得不足3000元的，处以5000元以上2万元以下的罚款；情节严重的，由许可机关吊销其经营许可；构成犯罪的，依法追究刑事责任。

第五十三条　违反本规定，有下列行为之一的，由县级以上道路运输管理机构责令其限期整改；限期整改不合格的，予以通报：

（一）机动车维修经营者未按照规定执行机动车维修质量保证期制度的。

（二）机动车维修经营者未按照有关技术规范进行维修作业的。

（三）伪造、转借、倒卖机动车维修竣工出厂合格证的。

（四）机动车维修经营者只收费不维修或者虚列维修作业项目的。

（五）机动车维修经营者未在经营场所醒目位置悬挂机动车维修经营许可证件和机动车维修标志牌的。

（六）机动车维修经营者未在经营场所公布收费项目、工时定额和工时单价的。

（七）机动车维修经营者超出公布的结算工时定额、结算工时单价向托修方收费的。

（八）机动车维修经营者不按照规定建立维修档案和报送统计资料的。

（九）违反本规定其他有关规定的。

第五十四条 违反本规定，道路运输管理机构的工作人员有下列情形之一的，由同级地方人民政府交通主管部门依法给予行政处分；构成犯罪的，依法追究刑事责任：

（一）不按照规定的条件、程序和期限实施行政许可的。

（二）参与或者变相参与机动车维修经营业务的。

（三）发现违法行为不及时查处的。

（四）索取、收受他人财物或谋取其他利益的。

（五）其他违法违纪行为。

第七章 附　则

第五十五条 外商在中华人民共和国境内申请中外合资、中外合作、独资形式投资机动车维修经营的，应同时遵守《外商投资道路运输业管理规定》及相关法律、法规的规定。

第五十六条 机动车维修经营许可证件等相关证件工本费收费标准由省级人民政府财政部门、价格主管部门会同同级交通主管部门核定。

第五十七条 本规定自 2005 年 8 月 1 日起施行。经国家发展和改革委员会、国家工商行政管理总局同意，1986 年 12 月 12 日交通部、原国家经委、原国家工商行政管理局发布的《汽车维修行业管理暂行办法》同时废止，1991 年 4 月 10 日交通部颁布的《汽车维修质量管理办法》同时废止。

参 考 文 献

[1] 胡建军. 汽车维修企业创新管理：现代汽车维修企业前期建设与经营管理[M]. 北京：机械工业出版社，2002.

[2] 沈树盛，安国庆. 汽车维修企业管理[M]. 北京：人民交通出版社，2004.

[3] 潘义行，张慧兰. 汽车维修销售管理实务[M]. 上海：复旦大学出版社，2007.

[4] 刘革. 机动车维修行业必备知识[M]. 北京：机械工业出版社，2006.

[5] 祁翠琴. 汽车维修业务管理[M]. 北京：高等教育出版社，2007.

北京大学出版社高职高专机电系列教材

序号	书号	书名	编著者	定价	出版日期
1	978-7-301-10464-2	工程力学	余学进	18.00	2006.1
2	978-7-301-10371-9	液压传动与气动技术	曹建东	28.00	2006.1
3	978-7-301-11566-4	电路分析与仿真教程与实训	刘辉珞	20.00	2007.2
4	978-7-5038-4863-6	汽车专业英语	王欲进	26.00	2007.8
5	978-7-5038-4864-3	汽车底盘电控系统原理与维修	闵思鹏	30.00	2007.8
6	978-7-5038-4868-1	AutoCAD 机械绘图基础教程与实训	欧阳全会	28.00	2007.8
7	978-7-5038-4866-7	数控技术应用基础	宋建武	22.00	2007.8
8	978-7-5038-4937-4	数控机床	黄应勇	26.00	2007.8
9	978-7-301-13258-6	塑模设计与制造	晏志华	38.00	2007.8
10	978-7-301-12182-5	电工电子技术	李艳新	29.00	2007.8
11	978-7-301-12181-8	自动控制原理与应用	梁南丁	23.00	2007.8
12	978-7-301-12180-1	单片机开发应用技术	李国兴	21.00	2007.8
13	978-7-301-12173-3	模拟电子技术	张 琳	26.00	2007.8
14	978-7-301-09529-5	电路电工基础与实训	李春彪	31.00	2007.8
15	978-7-5038-4861-2	公差配合与测量技术	南秀蓉	23.00	2007.9
16	978-7-5038-4865-0	CAD/CAM 数控编程与实训(CAXA 版)	刘玉春	27.00	2007.9
17	978-7-5038-4862-9	工程力学	高 原	28.00	2007.9
18	978-7-5038-4869-8	设备状态监测与故障诊断技术	林英志	22.00	2007.9
19	978-7-301-12392-8	电工与电子技术基础	卢菊洪	28.00	2007.9
20	978-7-5038-4867-4	汽车发动机构造与维修	蔡兴旺	50.00(1CD)	2008.1
21	978-7-301-13260-9	机械制图	徐 萍	32.00	2008.1
22	978-7-301-13263-0	机械制图习题集	吴景淑	40.00	2008.1
23	978-7-301-13264-7	工程材料与成型工艺	杨红玉	35.00	2008.1
24	978-7-301-13262-3	实用数控编程与操作	钱东东	32.00	2008.1
25	978-7-301-13261-6	微机原理及接口技术(数控专业)	程 艳	32.00	2008.1
26	978-7-301-12386-7	高频电子线路	李福勤	20.00	2008.1
27	978-7-301-13383-5	机械专业英语图解教程	朱派龙	22.00	2008.3
28	978-7-301-12384-3	电路分析基础	徐 锋	22.00	2008.5
29	978-7-301-13572-3	模拟电子技术及应用	刁修睦	28.00	2008.6
30	978-7-301-13575-4	数字电子技术及应用	何首贤	28.00	2008.6
31	978-7-301-13574-7	机械制造基础	徐从清	32.00	2008.7
32	978-7-301-13657-7	汽车机械基础	邵 茜	40.00	2008.8
33	978-7-301-13655-3	工程制图	马立克	32.00	2008.8
34	978-7-301-13654-6	工程制图习题集	马立克	25.00	2008.8
35	978-7-301-13573-0	机械设计基础	朱凤芹	32.00	2008.8
36	978-7-301-13582-2	液压与气压传动	袁 广	24.00	2008.8
37	978-7-301-13662-1	机械制造技术	宁广庆	42.00	2008.8
38	978-7-301-13661-4	汽车电控技术	祁翠琴	39.00	2008.8
39	978-7-301-13658-4	汽车发动机电控系统原理与维修	张吉国	25.00	2008.8
40	978-7-301-13653-9	工程力学	武昭晖	25.00	2008.8
41	978-7-301-14139-7	汽车空调原理及维修	林 钢	26.00	2008.8
42	978-7-301-13652-2	金工实训	柴增田	22.00	2009.1
43	978-7-301-14656-9	实用电路基础	张 虹	28.00	2009.1
44	978-7-301-14655-2	模拟电子技术原理与应用	张 虹	26.00	2009.1
45	978-7-301-14453-4	EDA 技术与 VHDL	宋振辉	28.00	2009.2
46	978-7-301-14470-1	数控编程与操作	刘瑞已	29.00	2009.3
47	978-7-301-14469-5	可编程控制器原理及应用(三菱机型)	张玉华	24.00	2009.3
48	978-7-301-12385-0	微机原理及接口技术	王用伦	29.00	2009.4
49	978-7-301-12390-4	电力电子技术	梁南丁	29.00	2009.4
50	978-7-301-12383-6	电气控制与 PLC(西门子系列)	李 伟	26.00	2009.6

序号	书号	书名	编著者	定价	出版日期
51	978-7-301-13651-5	金属工艺学	柴增田	27.00	2009.6
52	978-7-301-12389-8	电机与拖动	梁南丁	32.00	2009.7
53	978-7-301-12391-1	数字电子技术	房永刚	24.00	2009.7
54	978-7-301-13659-1	CAD/CAM 实体造型教程与实训(Pro/ENGINEER 版)	诸小丽	38.00	2009.7
55	978-7-301-15378-9	汽车底盘构造与维修	刘东亚	34.00	2009.7
56	978-7-301-13656-0	机械设计基础	时忠明	25.00	2009.8
57	978-7-301-12387-4	电子线路 CAD	殷庆纵	28.00	2009.8
58	978-7-301-12382-9	电气控制及 PLC 应用(三菱系列)	华满香	24.00	2009.9
59	978-7-301-15692-6	机械制图	吴百中	26.00	2009.9
60	978-7-301-15676-6	机械制图习题集	吴百中	26.00	2009.9
61	978-7-301-16898-1	单片机设计应用与仿真	陆旭明	26.00	2010.2
62	978-7-301-15578-3	汽车文化	刘 锐	28.00	2009.8
63	978-7-301-15742-8	汽车使用	刘彦成	26.00	2009.9
64	978-7-301-16919-3	汽车检测与诊断技术	娄 云	35.00	2010.2
65	978-7-301-17122-6	AutoCAD 机械绘图项目教程	张海鹏	36.00	2010.5
66	978-7-301-17079-3	汽车营销实务	夏志华	25.00	2010.6
67	978-7-301-17148-6	普通机床零件加工	杨雪青	26.00	2010.6
68	978-7-301-16830-1	维修电工技能与实训	陈学平	37.00	2010.7
69	978-7-301-13660-7	汽车构造(上册)——发动机构造	罗灯明	30.00	2010.8
70	978-7-301-17398-5	数控加工技术项目教程	李东君	48.00	2010.8
71	978-7-301-17573-6	AutoCAD 机械绘图基础教程	王长忠	32.00	2010.8
72	978-7-301-17324-4	电机控制与应用	魏润仙	34.00	2010.8
73	978-7-301-17557-6	CAD/CAM 数控编程项目教程(UG 版)	慕 灿	45.00	2010.8
74	978-7-301-17609-2	液压传动	龚肖新	22.00	2010.8
75	978-7-301-17569-9	电工电子技术项目教程	杨德明	32.00	2010.8
76	978-7-301-17679-5	机械零件数控加工	李 文	38.00	2010.8
77	978-7-301-17608-5	机械加工工艺编制	于爱武	45.00	2010.8
78	978-7-301-17696-2	模拟电子技术	蒋 然	35.00	2010.8
79	978-7-301-17707-5	零件加工信息分析	谢 蕾	46.00	2010.8
80	978-7-301-17712-9	电子技术应用项目式教程	王志伟	32.00	2010.8
81	978-7-301-17730-3	电力电子技术	崔 红	23.00	2010.9
82	978-7-301-17711-2	汽车专业英语图解教程	侯锁军	22.00	2010.9
83	978-7-301-17821-8	汽车机械基础项目化教学标准教程	傅华娟	40.00	2010.10
84	978-7-301-17877-5	电子信息专业英语	高金玉	26.00	2010.10
85	978-7-301-17532-3	汽车构造(下册)——底盘构造	罗灯明	29.00	2011.1
86	978-7-301-17958-1	单片机开发入门及应用实例	熊华波	30.00	2011.1
87	978-7-301-18188-1	可编程控制器应用技术项目教程(西门子)	崔维群	38.00	2011.1
88	978-7-301-17694-8	汽车电工电子技术	郑广军	33.00	2011.1
89	978-7-301-18322-9	电子 EDA 技术(Multisim)	刘训非	30.00	2011.1
90	978-7-301-18357-1	机械制图	徐连孝	27.00	2011.1
91	978-7-301-18143-0	机械制图习题集	徐连孝	20.00	2011.1
92	978-7-301-18144-7	数字电子技术项目教程	冯泽虎	28.00	2011.1
93	978-7-301-18470-7	传感器检测技术及应用	王晓敏 王志敏	35.00	2011.1
94	978-7-301-18477-6	汽车维修管理实务	毛 峰	23.00	2011.3

电子书(PDF 版)、电子课件和相关教学资源下载地址：http://www.pup6.com/ebook.htm，欢迎下载。
欢迎免费索取样书，请填写并通过 E-mail 提交教师调查表，下载地址：http://www.pup6.com/down/教师信息调查表 excel 版.xls，欢迎订购。
欢迎投稿，并通过 E-mail 提交个人信息卡，下载地址：http://www.pup6.com/down/zhuyizhexinxika.rar。
联系方式：010-62750667，laiqingbeida@126.com，linzhangbo@126.com，欢迎来电来信。